| 추천의 말 |

"세계적으로 코딩 교육 열풍이 거세게 일어나고 있는 가운데, 학교 선생님, 학생, 학부모 모두 쉽게 접근할 수 있는 마이크로비트를 활용한 예제 중심의 책이 출간되어 기쁘게 생각합니다. 마이크로비트를 활용한 15개의 예제를 따라 하다 보면 코딩에 대한 재미와 함께 논리적인 사고도 자연스럽게 배울 수 있으리라 생각합니다."

— 전 세계 마이크로비트 독점 제조(및 유통) 회사인 엘리먼트14 **정재철** 한국 사장

"자신만의 재미있는 아이디어를 실현하고 싶은데 어디서부터 시작해야 할지 막막하고 망설여졌다면 마이크로비트로 시작해 보세요. 온라인 사이트에서 제공하는 편집기를 사용하여 15가지 재밌는 프로젝트를 만드는 이 책이야말로 마이크로비트의 필독서라 할 수 있습니다. 이제 여러분 모두 즐거운 메이킹 프로그래밍을 시작할 수 있습니다."

— 스파크랩아카데미 **박호준** 대표 메이커

"메이커스페이스도 다양한 코딩 교육을 수행하고 있습니다. 그중에 마이크로비트를 활용한 교재가 많지 않아 고민하던 중 예제 중심의 마이크로비트 활용서가 나와 반가웠습니다. 누구나 메이커가 될 수 있도록 도와주는 마이크로비트, 15가지 프로젝트를 즐겁게 따라 하면서 상상을 현실로 만드는 코딩 도구를 즐겨 보세요. 당신도 멋진 메이커가 될 수 있습니다."

— 메이크존 **장선연** 대표

"시대마다 반드시 배워야 하는 언어가 있습니다. 예전에 한자가 그랬고, 그 이후엔 영어 그리고 중국어, 그리고 마침내 소프트웨어의 언어를 배워야 하는 시기가 도래했습니다. 다만, 다른 언어들은 시간이 가면서 중요성이 조금씩 변했지만, 코딩의 언어는 앞으로 그 영향력이 계속 높아질 것입니다. 이 책과 마이크로비트를 통해 새로운 세계를 만나길 바랍니다."

— 월간 임베디드 월드 **박한식** 대표

"마이크로비트를 활용한 코딩은 직접 보고 만지는 학습으로 논리적인 사고를 키울 수 있으며, 그로부터 상상하던 것을 쉽게 구현할 수 있습니다. 마이크로비트로 무엇을 어떻게 배워야 할지 모르겠다면 이 책을 추천합니다! 이 책에는 다양하고 재미있는 예제가 있어 접근하기 쉬우며, 가족이나 친구들과 함께 즐길 수 있습니다."

— 유튜브 심프팀 팀장 **심프**

코딩 교육을 위한

개정판

마이크로비트

코딩 교육을 위한 마이크로비트 개정판

개정판 1쇄 발행 2023년 9월 8일
개정판 2쇄 발행 2024년 10월 31일

지은이 아이씨뱅큐
펴낸이 장성두
펴낸곳 주식회사 제이펍

출판신고 2009년 11월 10일 제406-2009-000087호
주소 경기도 파주시 회동길 159 3층 / **전화** 070-8201-9010 / **팩스** 02-6280-0405
홈페이지 www.jpub.kr / **투고** submit@jpub.kr / **독자문의** help@jpub.kr / **교재문의** textbook@jpub.kr

소통기획부 김정준, 이상복, 안수정, 박재인, 송영화, 김은미, 배인혜, 권유라, 나준섭
소통지원부 민지환, 이승환, 김정미, 서세원 / **디자인부** 이민숙, 최병찬

진행 및 교정·교열 장성두 / **내지디자인** 디자인86 / **표지디자인** 미디어픽스
용지 타라유통 / **인쇄** 한길프린테크 / **제본** 일진제책사

ISBN 979-11-92987-33-0 (63000)
책값은 뒤표지에 있습니다.

제이펍은 여러분의 아이디어와 원고를 기다리고 있습니다. 책으로 펴내고자 하는 아이디어나 원고가 있는 분께서는
책의 간단한 개요와 차례, 구성과 저(역)자 약력 등을 메일(submit@jpub.kr)로 보내주세요.

코딩 교육을 위한 개정판 마이크로비트

아이씨뱅큐 지음

제이펍

 | 드리는 말씀 |

- 마이크로비트 코딩 환경(https://makecode.microbit.org/)은 독자의 학습 시점에 따라 책의 내용과 다를 수 있습니다.

- 이 책에 나오는 프로젝트 예제 코드는 http://bit.ly/2NfQdq4에서 다운로드할 수 있습니다.

- 책의 내용과 관련된 문의사항은 지은이 혹은 출판사로 연락해 주시기 바랍니다.
  - 지은이: http://cafe.naver.com/bbcmicro 또는 shop@icbanq.com
  - 출판사: help@jpub.kr

차례

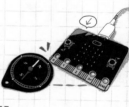

머리말

"와우! 정말 신기하고 재미있네, 나도 이렇게 코딩할 수 있을까?"

처음 이 책을 출간했을 때만 해도 '코딩'이나 '프로그래밍'이라는 말은 전문가이거나 관련된 일을 하는 사람들의 전유물이었습니다. 이 책에서 소개해 드릴 '마이크로비트'라는 교구도 처음 저희가 소개했던 때만 해도, '손바닥만한 크기의 코딩 교구', '다양한 센서가 내장되어 교구 하나만으로도 수업이 가능' 등과 같은 여러 수식어를 붙여 설명했는데, 지금은 '마이크로비트'라는 이름 하나만으로도 설명이 충분할 정도로 코딩 시장에서는 필수품이 되었습니다.

이러한 시장의 분위기에 맞춰 전 세계적으로 다양한 교구와 교재가 쏟아져 나오고 있습니다. 이 책을 통해 소개하는 '마이크로비트(micro:bit)'는 영국의 BBC 방송사가 학생과 교사들이 프로그래밍하는 방법을 배울 수 있도록 설계한 포켓 사이즈의 마이크로컨트롤러, 즉 미니컴퓨터입니다. 이 작은 보드는 가속도계, 나침반, 블루투스, LED, 마이크, 스피커 등을 기본적으로 지원하며, 이 기능을 활용하여 창의력을 기를 수 있는 다양한 프로젝트를 코딩할 수 있습니다.

이 책은 바로 이 마이크로비트를 처음 접하는 학생이나 현장에서 코딩 교육을 하는 선생님, 자녀와 함께 집에서 코딩을 배우고자 하는 학부모님께 코딩 기초 지식과 원리를 이해하는 데 도움을 주는 좋은 지침서가 될 것입니다.

이 책을 쓰는 동안 주목한 것은 '어떻게 하면 마이크로비트를 가지고 코딩을 쉽게 이해하도록 할 수 있을까?'였습니다. 무조건 많은 것을 담기보다는 15개의 적절한 프로젝트 예제를 통해 자연스럽게 마이크로비트와 코딩을 깨우칠 수 있도록 구성했습니다. 다양한 난이도의 프로젝트를 순서대로 따라 해 보고, 나아가 자신만의 아이디어를 덧붙여 더 큰 프로젝트로 확장해 여러분의 실력을 한층 '레벨 업'할 수 있도록 했습니다. 부족하지만 이 책과 마이크로비트가 여러분의 코딩에 대한 열정과 창의적인 아이디어를 맘껏 펼치는 데 조금이나마 도움이 되었으면 좋겠습니다.

시간이 흐름에 따라 마이크로비트도 벌써 V2.21 버전까지 출시되었고, 키트에도 변화가 생겨 이렇게 개정판을 출간하게 되었습니다. 처음 마이크로비트 코딩 책을 국내에 선보이고 많은 분이 사랑해 주신 덕에 이렇게 개정판까지 선보일 수 있게 된 것 같습니다. 마이크로비트 코딩 책을 써 보겠다는 제안에 용기를 주신 김종우 회장님과 이성민 대표님, 박지홍 부사장님, 마이크로비트 활성화를 위해 여러 도움을 주신 엘리먼트14 한국지사 정재철 사장님과 책을 써 보자는 제안에 선뜻 응해 준 팀원(김나경, 심은주, 우지윤, 임지민, 전태현, 정다운) 모두에게 감사를 전합니다. 모두 각자의 맡은 바 책임을 다했기 때문에 이 책이 나올 수 있었습니다.

그리고 2018년 봄, 무턱대고 기획안만 가지고 출판사 문을 두드렸을 때 따뜻하게 맞아 주신 장성두 대표님과 책이 나올 수 있도록 편집에 힘써 주신 제이펍 편집부 여러분께도 감사를 전합니다.

아이씨뱅큐 마케팅엔지니어팀 드림

"이제는 나도 메이커!!
어떤 일을 꾸준히 한다는 것은 말처럼 쉽지만은 않습니다.
하지만 포기하지 않고 끝까지 따라 한다면
그게 어떤 일이든 꼭 이루어질 것입니다."

이 책에 대하여

독자 여러분, 만나서 반갑습니다. 이 책에서는 그동안 만나보지 못했던 새로운 컴퓨터를 만날 수 있습니다! 마이크로비트는 간단히 말하면 '초소형 코딩 컴퓨터'라고 할 수 있습니다. 굉장히 작은 보드이지만 그렇다고 성능까지 무시할 수는 없어요! 손바닥보다도 작은 이 컴퓨터는 LED부터 버튼, 다양한 센서는 물론 무선통신 기능까지 탑재하고 있답니다.

그럼, 본격적으로 마이크로비트를 만나보기 전에 어떻게 하면 이 책을 잘 활용할 수 있을지 알아보겠습니다!

이 책의 구성

프로젝트 이름

직접 따라 해 볼 프로젝트 이름을 소개합니다.

수준

이 프로젝트의 난이도를 보여줍니다.

완성된 모습

프로젝트가 완성된 모습을 간단한 일러스트 그림으로 보여줍니다.

학습 목표

이 프로젝트에서 배울 내용을
설명합니다.

준비물

이 프로젝트를 배우는 데 필요한
준비물을 알려줍니다.

동영상 QR 코드

이 프로젝트의 코딩 내용을 동영
상으로 볼 수 있습니다. 책만 보고
혼자 따라 하기 어렵다면 이 링크
를 보고 따라 해 보세요.

반돌이와 함께하는 IT 여행

이해하기 어려운 IT 개념을 이 책
의 마스코트인 반돌이가 보다 쉽
게 설명해 줍니다.

하드웨어 따라 하기

마이펫 몸체나 손목시계 프로젝트
처럼 소프트웨어 코딩을 하기 전
에 꼭 필요한 하드웨어 만드는 방
법을 한 단계 한 단계 설명합니다.

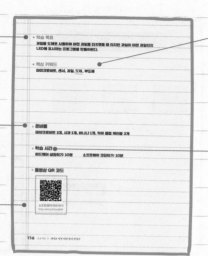

핵심 키워드

이 프로젝트에서 다룰 중요 단어
를 알려줍니다. 보라색 키워드는
이전 프로젝트에서는 다루지 않았
던 새로운 키워드를 의미합니다.

학습 시간

프로젝트를 완성하는 데 걸리는
시간을 알려줍니다.

준비하기

프로젝트를 시작하기 전에 코딩에
필요한 기초 지식과 주요 키워드
에 대해 배웁니다.

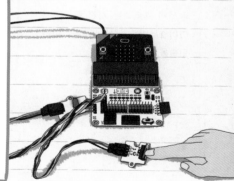

소프트웨어 따라 하기

- 코딩 준비하기

본격적으로 코딩을 하기 전에 어떤 순서대로 코딩하면 좋은지를 '순서도'로 보여줍니다. 순서도 그리기는 창의적인 코딩을 하는 데 도움이 된답니다!

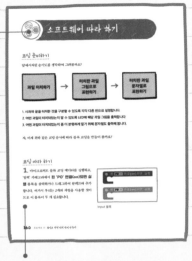

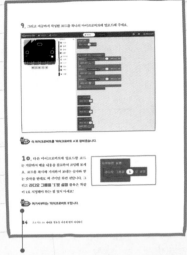

- 코딩 따라 하기

코딩을 통해 프로젝트를 완성하는 단계입니다. 혼자서도 공부할 수 있도록 자세하게 적어 두었어요.

Tip

코딩할 때 알아 두면 좋은 노하우나 참고 사항을 반순이가 팁으로 알려 줍니다.

전체 알고리즘 알아보기

전체 코드를 한눈에 보여줍니다. 각 블록이 어떤 기능으로 사용되었는지 하나하나 설명해 줍니다.

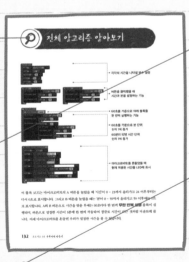

마무리

완성된 프로젝트 사진을 보면서 마이크로비트가 실제로 동작하는 모습을 확인해 봅니다.

주의사항

마이크로비트가 잘 동작하지 않는다면 이 부분을 확인해 보세요.

레벨 업

이번 프로젝트를 잘 끝내고 여기서 배운 내용을 조금 더 응용해 보려면 레벨 업 문제를 풀어 보세요.

반돌이와 반순이

'반돌이'는 반도체를 사랑하는 소년입니다. 어린 시절부터 보고 자란 것이 반도체인 반돌이는 반도체뿐 아니라 이어서 '코딩'이라는 새로운 재미에 눈을 떴습니다. 아직은 코딩이 어려운 반돌이지만, 마이크로비트를 만난 후 코딩이 쉬워지기 시작했습니다! 이 책에서 반돌이는 어려운 IT 용어들을 누구보다 쉽게 알려 준답니다. 반돌이와 함께라면 여러분도 누구나 IT 전문가가 될 수 있어요!

'반순이'는 반돌이의 가장 소중한 친구입니다. 한번 들은 것은 똑 부러지게 기억해 내는 덕에 반돌이가 마이크로비트를 공부할 때 많은 도움을 주었습니다. 이 책에서는 반돌이에게 알려 주었던 것처럼 반순이만의 특별한 팁을 공유해 준답니다.

앞으로 우리는 이러한 순서로 마이크로비트와 코딩을 공부해 나갈 거예요! 마이크로비트를 사용하다가 어려움이 느껴지면, 언제든지 마이크로비트 카페(http://cafe.naver.com/bbcmicro)로 찾아와 질문해 주세요. 언제나 여러분에게 좋은 정보를 제공하도록 노력할게요. 여러분이 이 책을 통하여 마이크로비트와 친해질 수 있기를 진심으로 기원합니다. 감사합니다. ☺

프로젝트 00

마이크로비트
알아보기

수준

◉ ◉ ◉ ◉ ◉

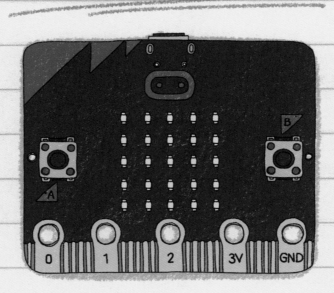

● **학습 목표**

초소형 코딩 컴퓨터 '마이크로비트'가 무엇인지 알아보고, 앞으로 이 책에서 마이크로비트를 동작하기 위해 어떤 하드웨어와 소프트웨어를 사용하고 어떻게 활용할지 알아보자.

● **핵심 키워드**

마이크로비트

● **준비물**

마이크로비트 1대

● **학습 시간**

소프트웨어 코딩하기: 10분

안녕하세요, 여러분! 이렇게 여러분을 만나게 되어 매우 영광이에요. 앞으로 우리는 함께 마이크로비트에 대해 열심히 공부할 거예요. 자, 그럼 지금부터 마이크로비트에 대해 알아볼까요?

마이크로비트는 영국의 공영 방송사인 BBC가 학생과 교사들이 프로그래밍하는 방법을 배울 수 있도록 설계한 마이크로컨트롤러입니다. 여기서 **마이크로컨트롤러**는 쉽게 말해 '미니 컴퓨터'라고 할 수 있어요.

반돌이와 함께하는 IT 여행

마이크로컨트롤러

마이크로컨트롤러는 짧게 MCU라고도 불러요. 간단히 말하면, 아주 작은 컴퓨터라고 할 수 있는데, 프로그래밍이 가능한 입/출력 모듈을 가지고 있어요. 여러분이 사용하는 개인용 컴퓨터(PC)가 게임이나 인터넷 검색, 쇼핑 같은 동작을 할 수 있다면, 마이크로컨트롤러는 특정한 기능을 설정하도록 직접 프로그래밍하여 여러 기계들을 동작시킬 수 있어요. 예를 들어, 화분에 물을 주는 기계, 강아지 밥을 주는 기계, 대문에 있는 자동 도어 록, 자율주행 자동차 같은 것들이 대표적이에요. 이때 프로그래밍에 사용되는 언어가 아주 다양한데, C언어나 자바스크립트, 파이썬 등이 있어요. 우리가 다루는 마이크로비트와 더불어 아두이노나 라즈베리파이 같은 미니 보드에는 모두 마이크로컨트롤러 칩이 내장되어 있고, 우리 몸에서 뇌와 비슷한 역할을 한다고 생각하면 돼요.

마이크로비트는 작은 주머니에 들어갈 만한 크기의 보드로, 간단하게는 디지털 게임을 할 수 있고, 크게는 로봇 공학처럼 창의력이 필요한 모든 분야에서 사용할 수 있답니다. 매우 쉽게 코딩할 수 있어 초등학생부터 어른까지 누구나 활용할 수 있는 점이 장점이에요. 마이크로비트는 다음과 같이 구성되어 있습니다. 간단히 살펴볼까요?

2개의
프로그램
버튼

25개의 LED로 이루어진
매트릭스 스크린

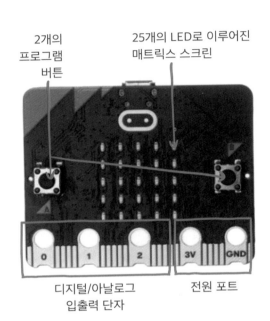

디지털/아날로그
입출력 단자

전원 포트

Micro-USB 커넥터

배터리 커넥터

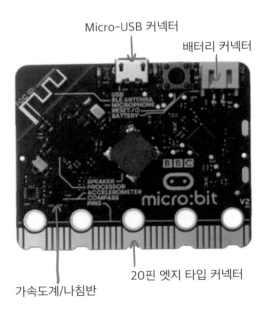

가속도계/나침반

20핀 엣지 타입 커넥터

LED 매트릭스는 마이크로비트에서 유일하게 디스플레이로 사용할 수 있는 부분인데요, 총 25개의 LED가 장착되어 있어서 마이크로비트의 표정을 나타내거나 글자 표현이 가능해요.

2개의 프로그램 버튼은 마이크로비트 자체에 붙어 있는 버튼으로 총 3개의 명령을 수행할 수 있습니다. 코딩을 통해 버튼을 눌렀을 때 어떠한 동작을 하도록 설정할 수 있어요.

디지털/아날로그 입출력 단자는 마이크로비트에서 들어오고 나가는 다양한 디지털/아날로그 신호를 받거나 보낼 수 있는 역할을 해요.

전원 포트는 마이크로비트의 전원이 출력되는 단자로, 3.3V와 GND 전원이 출력됩니다.

가속도계/나침반이 마이크로비트에 내장되어 있어 지구의 자성을 이용해 마이크로비트의 기울어짐이나 동서남북 같은 방위를 알 수 있어요.

20핀 엣지 타입 커넥터는 마이크로비트를 카드처럼 삽입하여 사용할 수 있도록 도와줍니다.

Micro-USB 커넥터는 마이크로비트에 전원을 공급하거나 블록 코딩으로 만든 프로그램 소스를 전송할 수 있어요. Micro-USB 타입은 우리가 흔히 사용하는 스마트폰 충전기와 같아서 쉽게 사용할 수 있어요.

배터리 커넥터는 전원을 공급할 때 USB 형식이 아닌 일반적인 배터리를 사용할 수 있도록 해 줍니다. 마이크로비트를 휴대할 때 자주 사용합니다.

마이크로비트 버전 2부터는 다음과 같이 추가된 하드웨어가 있습니다.

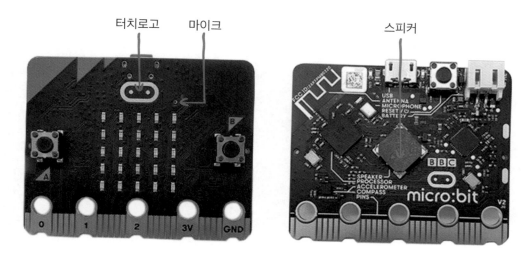

마이크는 소리를 인식할 수 있게 해 주고 **스피커**는 반대로 소리를 발생시켜 줍니다. 그리고 **터치 로고**는 가벼운 손가락 터치를 인식하는 센서 같은 것입니다.

IBM 컴퓨터는 우리에게 친숙한 윈도우 OS를 사용하고, MAC 컴퓨터는 iOS OS를 사용하는 것처럼 마이크로비트의 운영체제는 리눅스 기반으로 되어 있어 라즈베리파이와 호환이 됩니다. 리눅스 운영체제를 바탕으로 동작하는 마이크로비트는 자바스크립트, 파이썬, C++ 같은 프로그래밍 언어와 터치디벨로프 같은 다양한 하드웨어까지 지원하는 아주 똑똑한 보드예요.

또한, 마이크로비트를 코딩하는 방법에는 대표적으로 블록 코딩과 텍스트 코딩의 두 가지가 있는데요, 이 중에서 우리는 블록 코딩 환경인 '메이크코드' 사이트를 사용할 겁니다. 다음에 나오는 '소프트웨어 따라 하기'에서 순서대로 설명할 테니 잘 따라 오세요.

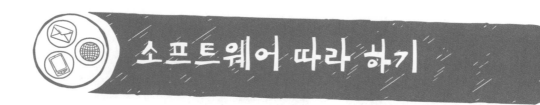
1. 우선, 마이크로비트 블록 코딩을 할 수 있는 메이크코드 사이트(https://makecode.microbit.
org/)에 접속합니다.

2. '새 프로젝트'를 클릭하여 프로젝트 이름을 입력하고 '생성' 버튼을 누릅니다(프로젝트는 아무
런 이름이나 가능합니다).

3. 아래와 같은 화면이 보이면 마이크로비트 코딩을 할 준비가 된 것입니다.

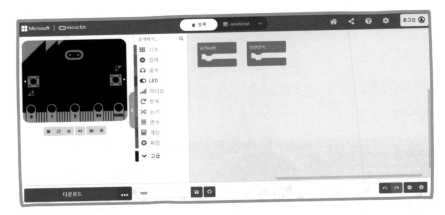

4. '로그인' 버튼을 누르면 회원가입(Sign up)을 하거나 로그인할 수 있는 버튼이 나타납니다. 로그인을 하지 않아도 코딩을 할 수 있지만, 다른 컴퓨터에서도 나만의 코드를 불러오고 싶다면 로그인하는 것을 추천합니다.

블록 기능 알아보기

이제 프로그래밍 준비를 끝냈으니 워밍업으로 어떤 블록들이 있는지 살펴보겠습니다. 자바스크립트 블록 편집기에는 다음과 같은 '블록' 카테고리가 있습니다.

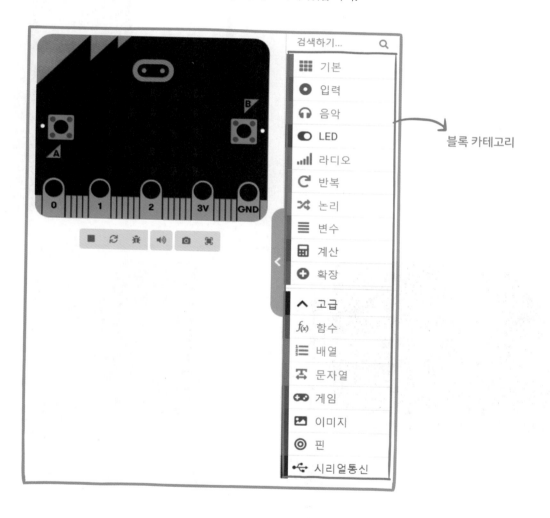

블록 카테고리

기본: 가장 기본적인 기능을 하는 블록들로, '수 출력, LED 출력, 아이콘 출력, 문자열 출력, LED 스크린 지우기, 무한반복, 시작하면' 등의 블록으로 구성되어 있습니다.

이러한 블록을 끼워 조립하는 형식으로 프로그래밍할 수 있습니다. 아래 그림을 볼까요? **시작하면** 블록과 **LED 출력** 블록을 연결하니 왼쪽에 있는 마이크로비트에 지정한 모양대로 출력되었습니다. 참 쉽죠?

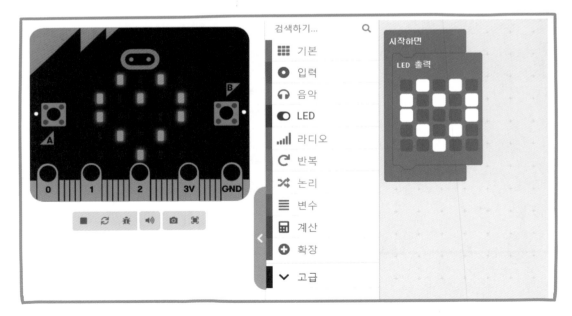

출력이란?
출력은 마이크로비트에서 어떠한 동작을 했을 때 LED나 컴퓨터로 나오는 숫자나 텍스트 같은 다양한 데이터를 의미합니다.

입력: 버튼을 누르거나 움직임을 감지하거나 핀 연결을 감지하는 다양한 입력 블록들이 있습니다. 입력 블록에 있는 버튼을 누르거나 움직임이 감지되면 입력 블록 다음에 나오는 블록을 실행해 준답니다.

예를 들어, 다음과 같이 블록을 연결하면 '마이크로비트의 A 버튼을 눌렀을 때' 하트 모양이 출력된답니다.

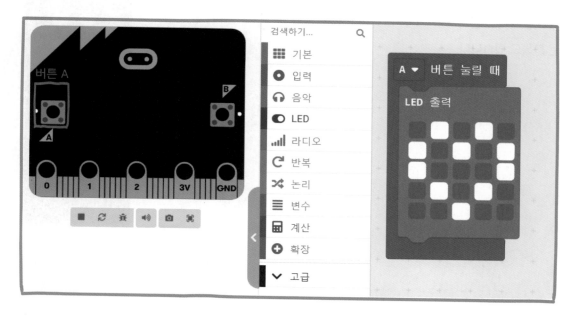

음악: 음악 카테고리에는 마이크
로비트를 이용해 다양한 음악을 표
현할 수 있는 다양한 블록이 있습
니다. 마이크로비트를 이용해 음계
를 표현하거나, 그 음계를 박자에
맞게 표현하고, 빠르기를 설정하는
등의 동작을 할 수 있습니다. 또한,
여러분의 컴퓨터에 저장되어 있는
멜로디를 업로드하여 마이크로비
트에서 실행할 수도 있어요.

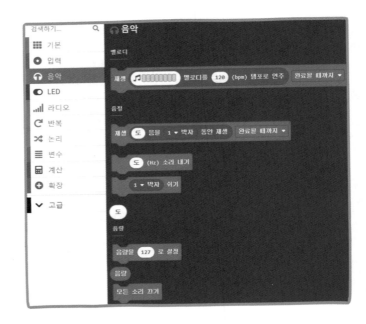

LED: LED 카테고리에는 마이크로비트의 앞면에 있는
LED를 제어하는 블록이 있습니다. 특정한 위치에 있는
LED를 켜거나 끌 수 있고, LED를 그래프로 사용할 수 있
는 블록도 있습니다.

라디오: 라디오 카테고리는 마이크로비트의 핵심적인 기능이라고 할 수 있습니다. 라디오 주파수 통신을 이용해 서로 떨어져 있는 다른 마이크로비트와 데이터를 주고받거나 명령을 내릴 수 있어요.

반복: 기본적인 repeat과 함께 while, for, foreach 반복문을 사용할 수 있습니다. 반복문은 반복 횟수를 지정하는 반복문과 반복 조건을 제시하는 형태가 있어요. 같은 명령이 여러 번 반복될 때 명령문을 반복하여 나열하는 것은 효과적이지 않으므로, 반복문을 사용하여 같은 명령을 여러 번 실행하게 해 줍니다.

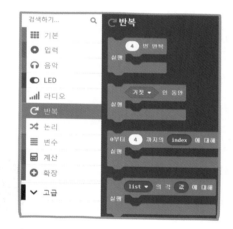

다음 그림과 같이 반복문을 사용하여 원하는 횟수만큼 간단하게 텍스트를 출력할 수 있어요.

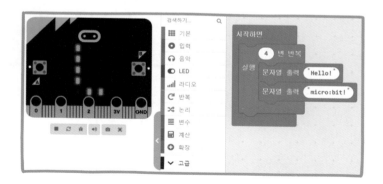

 이 코드는 'Hello! Micro:bit!'를 전면 LED에 한 글자씩 총 4번 출력합니다.

논리: 논리 카테고리에는 기본적인 if문과 함께 논리식을 다룰 수 있는 블록이 있습니다. 여기서 논리식이란 참/거짓의 두 논릿값을 대상으로 하는 연산입니다. 논리식에는 참이나 거짓 둘 중 하나를 선택하거나, 둘 모두 참 혹은 거짓인 경우가 있어요. 또한 '그리고', '또는', '아님'과 같은 논리를 이용해 반대이거나 모두 포함, 둘 중 하나만 포함하는 값들을 판단할 수 있습니다.

다음 그림과 같이 논리문을 사용하여 특정 조건을 만족할 때 마이크로비트의 LED를 출력할 수 있어요.

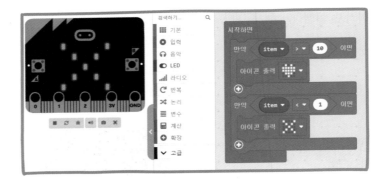

변수: 변수 카테고리는 마이크로비트의 블록 코딩에 필요한 다양한 수나 데이터를 저장하기 위한 변수를 생성하고 지정하는 역할을 하는 블록들이 있습니다.

계산: 계산 카테고리에는 숫자를 계산하거나 연산하는 기능의 블록이 있습니다. 또한, 무작위 값을 제공하거나 값이 참인지 거짓인지 판단하는 동작을 하는 블록도 있어요.

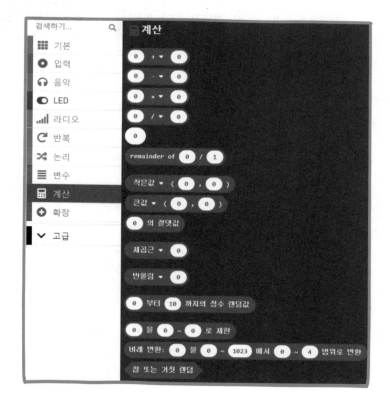

마무리

간단히 마이크로비트의 하드웨어와 소프트웨어를 살펴보았습니다. 앞으로 함께 배울 마이크로비트에 대해 어느 정도 이해했나요?

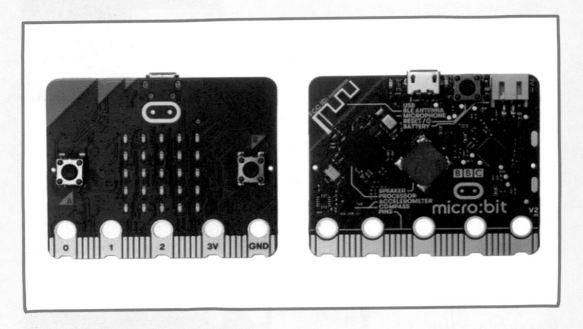

주의사항

마이크로비트가 잘 동작하나요? 잘 동작하지 않는다면 다음과 같은 사항을 확인해 보세요.

1. 전원이 제대로 연결되었는지 확인해 보세요. 올바르지 않은 전원을 사용하면 전원이 켜지지 않을 수 있어요.

레벨 업

마이크로비트를 잘 이해했다면 다음 문제를 풀어 보세요.

1. 마이크로비트로 만들 수 있는 작품이 무엇이 있을지 생각해 보세요.
2. 버튼을 누르고, 동작을 감지하는 등 다양한 행동에 대한 결과를 추론하는 블록은 무엇일까요?

LED
깜빡이기

수준

◉○○○○

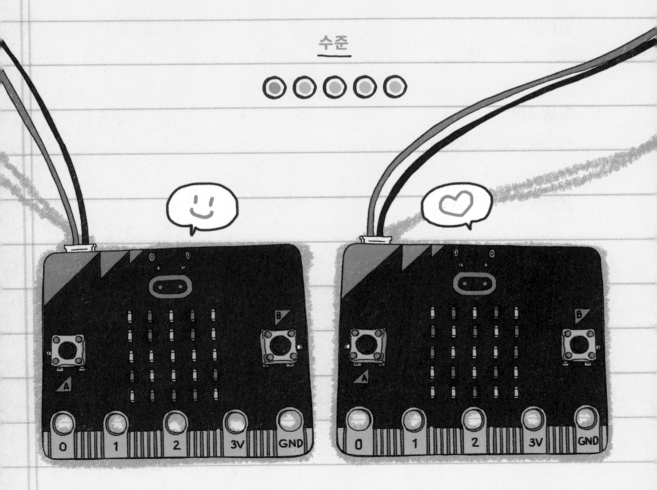

- **학습 목표**

  마이크로비트에 내장되어 있는 5×5 LED 매트릭스를 제어하여 원하는 모양을 출력하
  는 프로그램을 만든다.

- **핵심 키워드**

  마이크로비트, LED, LED 매트릭스

- **준비물**

  마이크로비트 1대

- **학습 시간**

  소프트웨어 코딩하기: 10분

- **동영상 QR 코드**

  소프트웨어 따라 하기
  http://m.site.naver.com/
  0qhMN

마이크로비트를 미소 짓게 하려면 어떻게 해야 할까요? 사람을 미소 짓게 하려면 그 사람을 알아야 하듯이 마이크로비트도 마찬가지입니다. 여기서는 마이크로비트의 얼굴 역할을 하는 LED를 알아 볼까요?

LED란?

LED는 영어로 'light emitting diode'의 줄임 말입니다. '발광 다이오드'라고 부르기도 합니다. '발광'은 '빛이 난다'는 뜻이므로 '빛이 나는 다이오드'라고 할 수 있어요. 발광 다이오드는 전류가 흐르면 빛을 내는 조명의 한 종류입니다. 열을 발생시켜 빛을 내는 일반적인 전구와는 달리 반도체를 통해 빛을 냅니다. 발광 다이오드는 길이가 다른 단자 2개를 가지고 있는데, 길이가 짧은 쪽이 -극, 긴 쪽이 +극입니다. 우리가 흔히 쓰는 건전지에 +, -극이 있는 것과 비슷하지요? 이렇게 극성이 존재하기 때문에 연결을 할 땐 방향을 맞추어야 합니다. 반대 방향으로 연결하면 불이 켜지지 않아요.

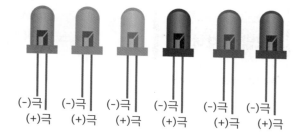

(-)극 (+)극   (-)극 (+)극   (-)극 (+)극   (-)극 (+)극   (-)극 (+)극   (-)극 (+)극

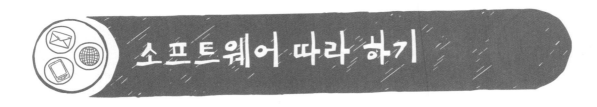

소프트웨어 따라 하기

코딩 준비하기

본격적으로 블록 코딩을 하기 전에, 어떤 순서대로 프로그래밍할지 생각해 보고 순서도를 그려 볼까요? 순서도를 그려 보면 창의적인 코딩을 하는 데 도움이 된답니다!

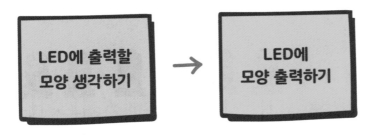

1. 제일 먼저 어떤 모양으로 LED에 출력할지 생각해 봐야겠죠?

2. 모양을 결정했으면 LED에 출력하여 눈으로 확인해 볼까요?

코딩 따라 하기

1. 자, 코딩을 시작하기 위해 메이크코드 사이트(https://makecode.microbit.org/#editor)에 접속해 주세요.

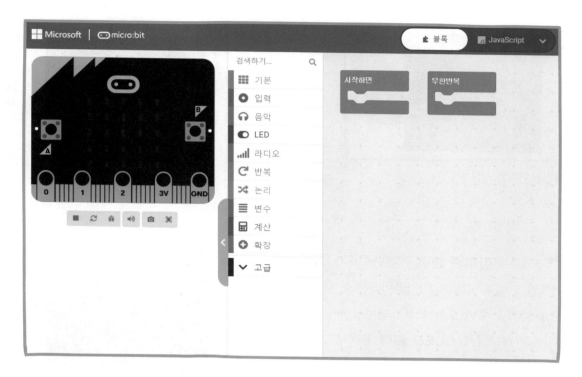

2. '기본' 카테고리에서 **무한 반복** 블록을 클릭하거나 드래그하여 팔레트에 추가하세요. **무한 반복** 블록은 전원이 연결되어 있는 동안 이 블록 안에 있는 블록을 제한 없이 실행시킵니다. 이 블록에 '기본' 카테고리에서 **아이콘 출력** 블록을 드래그하여 끼워 주세요.

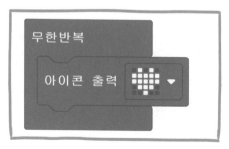

아이콘 출력 블록 놓기

3. **아이콘 출력** 블록을 클릭하면 BBC에서 제공하는 아이콘을 확인할 수 있습니다. 원하는 아이콘을 클릭하면 **아이콘 출력** 블록의 아이콘이 변경이 됩니다. 왼쪽 화면에 보이는 마이크로비트에 우리가 선택한 아이콘이 출력되는 것이 보이죠?

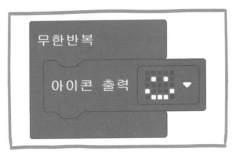

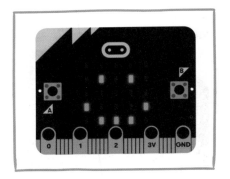

표현할 아이콘 지정하기

4. 그런데 **아이콘 출력** 블록만으로는 LED 표현에 한계가 있겠죠? 그래서 여러분이 원하는 대로 LED 모양을 출력할 수 있도록 프로그래밍을 해 보겠습니다. '기본' 카테고리에서 **LED 출력** 블록을 드래그하여 **아이콘 출력** 블록 자리에 대신 연결합니다.

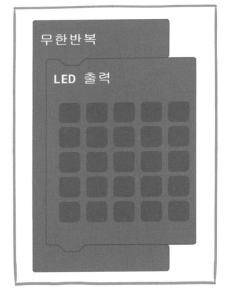

LED 출력 블록 놓기

 아이콘 출력 블록을 삭제하려면 블록 위에서 마우스 오른쪽 버튼을 누르고 '블록 삭제'를 선택하세요.

5. **LED 출력** 블록에는 25개의 LED 버튼이 있습니다. 버튼을 클릭하면 하늘색 네모에서 흰색 네모로 바뀌는데, 흰색 부분이 실제 마이크로비트에서 LED가 출력될 위치입니다. 빈칸을 클릭하여 원하는 모양으로 채워보세요.

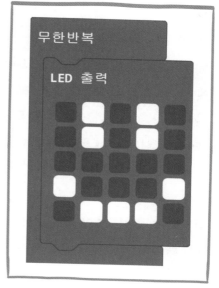

표현할 LED 지정하기

6. LED를 깜빡이게 하려면 다른 모양의 **LED 출력** 블록을 추가해야 합니다. **LED 출력** 블록을 기존 블록 밑에 하나 더 연결해 보세요.

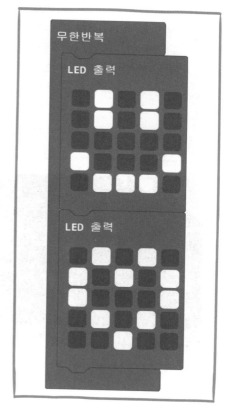

다양한 모양으로 LED 출력하기

7. 마이크로비트는 행동을 순차적으로 보여 주는 하드웨어입니다. 그러나 너무 빨리 지나가서 우리 눈으로 보기 어려울 때가 있습니다. 그래서 그림 블록 사이에 눈으로 보기 쉽게 잠깐 쉴 수 있는 시간을 만들어 보겠습니다. '기본' 카테고리에서 **일지 중지(ms) '100'** 블록을 드래그하여 **LED 출력** 블록 다음에 각각 연결해 보세요. 그리고 숫자를 '1000'으로 바꿔 줍니다(또는 오른쪽 화살표를 클릭하면 나오는 '1초'를 체크해도 됩니다). 화면 왼쪽에 보이는 마이크로비트에 LED가 천천히 깜빡이는 게 보이죠?

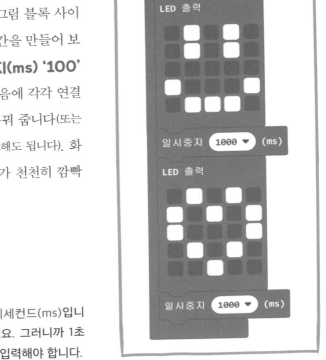

 일시 중지(ms) 블록의 단위는 밀리세컨드(ms)입니다. 1ms는 1000분의 1초를 나타내요. 그러니까 1초를 나타내려면 1000이라는 숫자를 입력해야 합니다.

쉬어 가는 [일시 중지(ms)] 블록

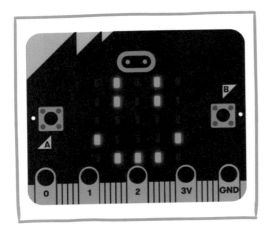

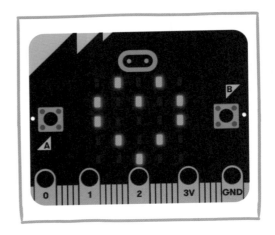

8. 이제 모든 블록 코딩을 마쳤으면 마이크로비트에 **업로드**해야 합니다. 우선, 여러분이 만든 블록 코딩을 **다운로드**해 주세요. 화면 아래에 코드 제목을 입력하고 '다운로드' 버튼을 눌러 여러분의 컴퓨터에 저장해 보세요. 코드는 '.hex'라는 확장자로 저장됩니다.

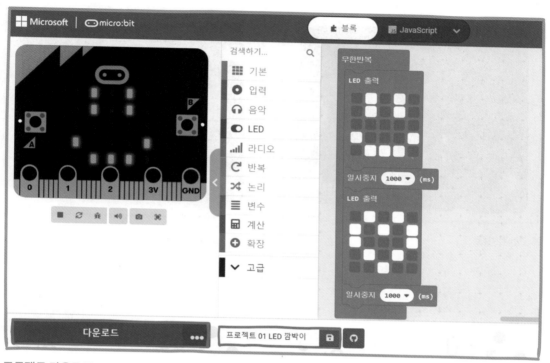

프로젝트 다운로드

 여기서는 제목을 '프로젝트 01 LED 깜빡이기'로 정했어요. 그러면 'microbit-프로젝트-01-LED-깜빡이기.hex'라는 이름으로 코드가 저장됩니다.

9. 이제 마이크로비트와 컴퓨터를 USB 케이블로 연결해 주세요. 그러면 USB를 연결할 때처럼 MICROBIT 드라이브가 생성됩니다. 이제 이 드라이브 안에 다운로드한 hex 파일을 옮겨 주세요. 그러면 마이크로비트에 우리가 코딩한 대로 LED가 깜빡일 거예요.

프로젝트 업로드

자, 이렇게 하나의 블록을 완성했어요.

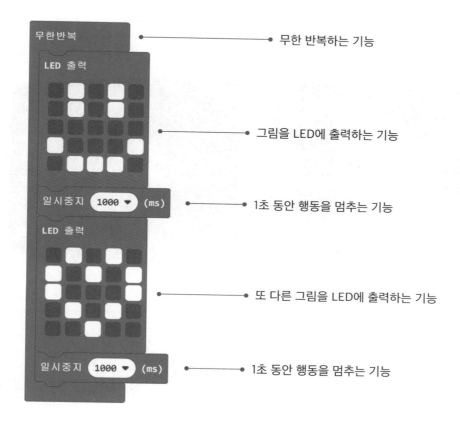

자, 이렇게 하나의 블록을 완성했어요.

무한반복	무한 반복하는 기능
LED 출력	그림을 LED에 출력하는 기능
일시중지 1000 ▼ (ms)	1초 동안 행동을 멈추는 기능
LED 출력	또 다른 그림을 LED에 출력하는 기능
일시중지 1000 ▼ (ms)	1초 동안 행동을 멈추는 기능

LED에 '스마일' 모양을 출력하고 1초 기다린 후 '하트' 모양을 출력하고 1초 기다리는 행동을 반복하는 간단한 블록 코딩이 완성되었어요!

이렇게 소프트웨어가 모두 완성되었습니다.

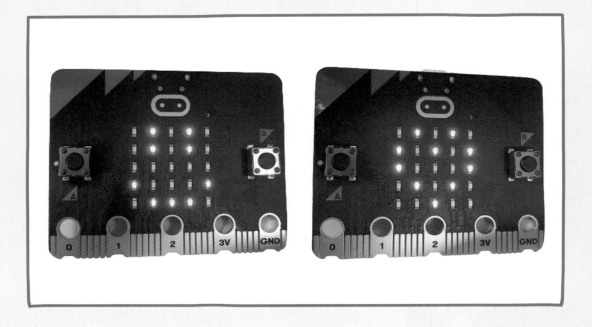

주의사항

마이크로비트가 잘 동작하나요? 잘 동작하지 않는다면 다음과 같은 사항을 확인해 보세요.

1. 전원이 제대로 연결되었는지 확인해 보세요. 올바르지 않은 전원을 사용하면 전원이 켜지지 않을 수 있어요.
2. 코드 블록이 올바른 순서대로 조립되었는지 확인해 보세요.

레벨 업

마이크로비트를 잘 이해했다면 다음 문제를 풀어 보세요.

1. 코드를 10초 동안 일시 중지하고 싶다면 '일시 중지(ms)' 블록에 몇 ms를 입력해야 할까요?
2. LED를 출력하는 방법에는 무엇이 있을까요?

프로젝트 02

버튼 눌러서
표정 바꾸기

수준

- **학습 목표**

  마이크로비트에 내장되어 있는 5×5 LED 매트릭스와 버튼을 이용하여 표정을 출력하는 프로그램을 만들어보자.

- **핵심 키워드**

  마이크로비트, LED, LED 매트릭스, 내장 푸시 버튼

- **준비물**

  마이크로비트 1대

- **학습 시간**

  소프트웨어 코딩하기: 10분

- **동영상 QR 코드**

소프트웨어 따라 하기
http://m.site.naver.com/
0qhMQ

이번 프로젝트에서도 계속해서 LED에 대해 공부하겠습니다. 마이크로비트에는 버튼이 2개가 있는데요. 각각의 버튼을 눌렀을 때 마이크로비트의 LED에 서로 다른 표정을 출력해 볼 거예요. A 버튼을 눌렀을 때는 웃는 표정을, B 버튼을 눌렀을 때는 화난 표정을 나타내 볼까요?

입출력이란?

코딩을 배우면서 '입력'과 '출력'이라는 단어를 많이 사용할 거예요. '입력'이란, 여러분이 마이크로컨트롤러에 무언가를 요구하는 것이라고 생각하면 쉬워요. 버튼을 누른다거나 센서 값을 인식한다거나 외부적인 요인을 마이크로컨트롤러에 전달하는 과정이지요. 반대로 '출력'은 마이크로컨트롤러가 여러분에게 어떤 결과를 전달하는 것이에요. LED를 반짝인다거나 소리를 내는 것이 출력에 해당하지요. 모든 프로그램에는 이러한 입력과 출력이 존재하니까 꼭 기억해 두세요.

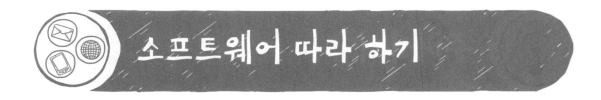

소프트웨어 따라 하기

코딩 준비하기

본격적으로 블록 코딩을 하기 전에, 어떤 순서대로 프로그래밍할지 생각해 보고 순서도를 그려 볼까요? 순서도를 그려 보면 창의적인 코딩을 하는 데 도움이 된답니다!

1. 버튼 A와 B에 들어갈 두 가지 표정의 모양을 생각해 보세요.

2. 버튼 A와 B를 누르면 LED에 표정이 출력되도록 코딩합니다.

3. 각각의 버튼을 눌렀을 때, 마이크로비트 LED에 어떤 표정이 출력되는지 확인합니다.

코딩 따라 하기

----

1. 먼저, 메이크코드 사이트(https://makecode.microbit.org/#editor)에 접속해 주세요.

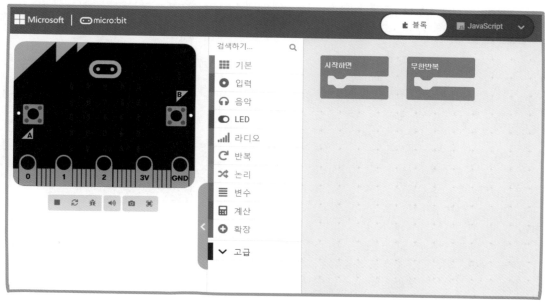

마이크로비트 첫 화면 **https://makecode.microbit.org/#editor**

2. '입력' 카테고리에서 **'A' 버튼 눌릴 때** 블록을 클릭하거나 드래그하여 팔레트에 추가해 주세요.

3. **'A' 버튼 눌릴 때** 블록에 보이는 화살표를 누르면 버튼 'A'와 'B' 또는 'A+B'를 선택할 수 있습니다. 여기서는 A 버튼을 선택해 보겠습니다.

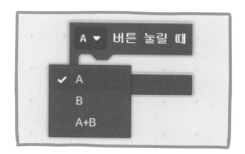

4. 버튼을 지정했다면 LED에 표정을 꾸며볼 차례
겠죠? 내가 원하는 표정으로 LED를 꾸며볼 건데요.
'기본' 카테고리에서 **LED 출력** 블록을 드래그하여
'A' 버튼 눌릴 때 블록에 끼워 맞추어 주세요.

5. LED 출력에 원하는 모양의 LED를 출력하는
방법은 지난 프로젝트에서 배웠습니다. 지난 프로젝
트를 참고하여 원하는 표정을 만들어 주세요. 저는
웃는 모습을 표현해 봤어요.

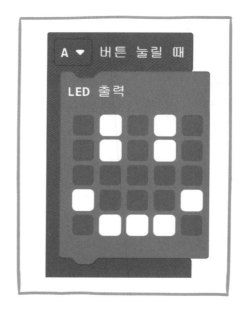

6. 그다음은 'B' 버튼을 눌렀을 때 다른 모양이 나타나도록 해 보아야겠죠? 블록을 클릭해서 슬픈 표정을 만들어 주세요.

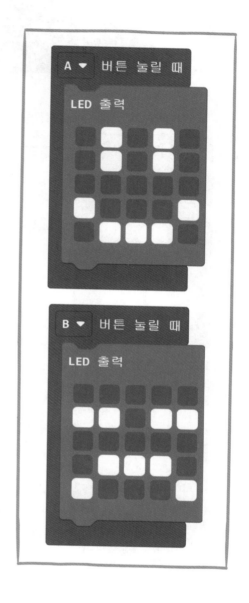

이제 마이크로비트에 업로드하여 직접 작동시켜 볼까요? 만약 업로드하는 방법을 잘 모르겠다면 '프로젝트 01'에 업로드 방법이 자세히 나와 있으니 참고하세요!

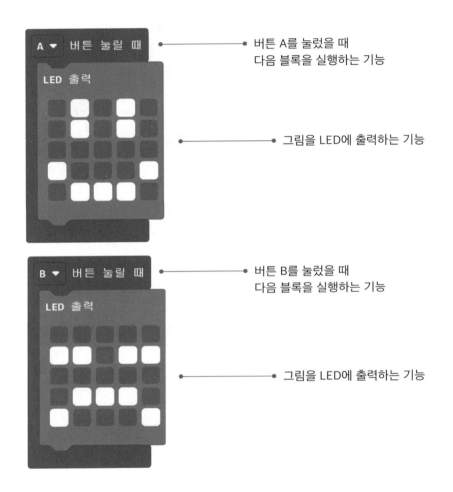

버튼 A를 눌렀을 때
다음 블록을 실행하는 기능

그림을 LED에 출력하는 기능

버튼 B를 눌렀을 때
다음 블록을 실행하는 기능

그림을 LED에 출력하는 기능

버튼 A를 누르면 웃는 표정이, 버튼 B를 누르면 슬픈 표정이 출력되는 블록 코딩이 완성되었어요.

이렇게 소프트웨어가 모두 완성되었습니다. 버튼 A와 B를 번갈아 눌러보세요. 다른 버튼을 누를 때마다 마이크로비트의 표정이 잘 바뀌나요?

주의사항

마이크로비트가 잘 동작하나요? 만약 잘 동작하지 않는다면 다음과 같은 사항을 확인해 보세요.

1. 전원이 제대로 연결되었는지 확인해 보세요. 올바르지 않은 전원을 사용할 경우 전원이 켜지지 않을 수 있어요.
2. 코드 블록이 올바른 순서대로 연결되었는지 확인해 보세요.

레벨 업

마이크로비트를 잘 이해했다면 다음 문제를 풀어 보세요.

1. '무한 반복' 블록에 '입력' 카테고리의 다른 블록들을 이어 붙일 수 있을까요?
2. 만약 안 된다면 그 이유를 생각해 보세요.

나침반
만들기

수준

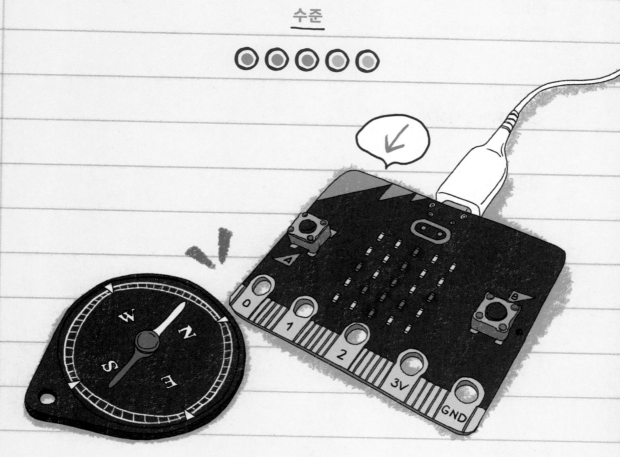

- **학습 목표**

  마이크로비트에 내장되어 있는 나침반 센서를 이용하여 마이크로비트를 움직일 때마다
  동서남북으로 움직이는 화살표로 북쪽을 가리키는 나침반을 만들어 보자.

- **핵심 키워드**

  마이크로비트, 나침반, 나침반 센서, 자기 센서

- **준비물**

  마이크로비트 1대

- **학습 시간**

  소프트웨어 코딩하기: 20분

- **동영상 QR 코드**

소프트웨어 따라 하기
http://m.site.naver.com/
0qhN0

이번 프로젝트에서는 마이크로비트에 내장되어 있는 자이로 센서를 사용해 마이크로비트를 나침반으로 만들어 보겠습니다. 또한, 이번 프로젝트부터는 '변수'라는 새로운 개념이 등장하니 모두 긴장해 주세요!

센서란?

센서란 열, 빛, 온도, 압력, 소리 등 일상에서 물리적인 변화를 감지하거나 구분하고, 계측할 수 있는 것을 구분하여 일정한 신호로 알려주는 부품을 말합니다. 사람이 보고, 듣고, 느끼는 오감을 기계로 만든 것이라고 생각하면 이해하기 쉽습니다. 센서의 종류로는 대표적으로 온도 센서, 압력 센서, 유량 센서, 자기 센서, 광 센서, 음향 센서, 미각 센서, 후각 센서 등이 있습니다. 실제로 이 센서들은 우리 생활에 많이 활용되고 있는데요, 가로등 주변이 어두워지면 자동으로 불이 켜지는 이유가 바로 광 센서가 장착되어 있기 때문입니다.

우리가 이번 프로젝트에서 사용할 **자이로 센서**는 처음에 설정한 방향을 유지하는 성질을 이용하여 물체의 방위 변화를 측정하는 센서예요. 비행기, 자동차, 미사일 같은 다양한 분야에서 자세 제어, 항법 장치로 사용하고 있어요. 그럼, 자이로 센서를 직접 다뤄보면서 좀 더 정확하게 이해해 볼까요?

소프트웨어 따라 하기

코딩 준비하기

앞에서처럼 순서도를 생각하여 그려 볼까요?

1. 동서남북을 어떤 범위로 나눌지 생각합니다.

2. 범위를 나누었으면 각 조건에 따라 어떻게 표시할지 설정합니다.

3. 설정한 대로 마이크로비트 나침반이 움직이는지 확인합니다.

반돌이와 함께하는 IT 여행

방위란?

지도를 보기 위해서는 '방위'를 알아야 해요. 방위란, 공간의 어떤 점이나 방향을 한 기준의 방향에 대해 나타내는 위치입니다. 쉽게 말해서 동서남북의 방향을 알려주는 거예요. 우리가 사용하는 일반적인 지도는 4방위, 8방위로 나타냅니다. 지도에 방위 표시가 없을 때는 지도의 위쪽이 북쪽, 아래쪽이 남쪽, 오른쪽이 동쪽, 왼쪽이 서쪽이라고 생각하면 됩니다. 4방위는 동서남북으로 표시한 것이고, 8방위는 4방위를 대각선 방향으로도 표시한 방위표입니다. 북, 북동, 동, 남동, 남, 남서, 서, 북서 총 8개로 표시합니다.

코딩 따라 하기

1. 메이크코드 사이트(https://makecode.microbit.org/#editor)에 접속합니다. '변수' 카테고리에서 '변수 만들기'를 눌러 '각도'라는 새로운 변수를 생성해 주세요.

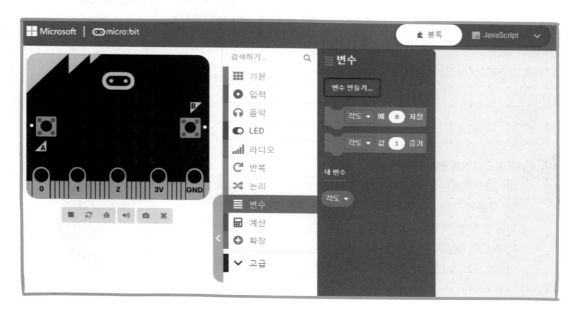

2. '변수' 카테고리에서 **'각도'에 '0' 저장** 블록을 드래그하여 팔레트에 추가하고 **무한 반복** 블록에 끼워 주세요. **'각도'에 '0' 저장** 블록은 생성된 변수에 특정한 숫자, 텍스트와 같은 데이터 값을 저장해 주는 함수입니다. 이렇게 저장된 데이터를 사용하여 온도, 습도, 각도와 같은 값을 마이크로비트 LED에 표현할 수 있습니다.

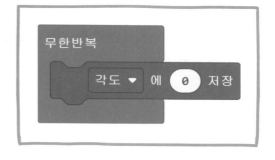

변수는 값이 특정되지 않고 임의의 값을 가질 수 있는 문자를 뜻해요. 마이크로비트 코딩을 하다 보면 다양한 수학적 계산과 텍스트를 저장하고 사용해야 하는데요. 그때 사용할 데이터를 저장하여 사용하는 것이 변수랍니다. 변수에 대해서는 뒤에서 더 자세히 설명할 거예요.

3. 그리고 마이크로비트에 있는 자이로 센서의 데이터 값을 변수에 저장하고 그 변수에 있는 값을 사용하기 위해 '입력' 카테고리에서 **나침반 방향(°)** 블록을 **'각도'에 'O' 저장** 블록의 '0' 부분에 넣어 주세요. **나침반 방향(°)** 블록은 마이크로비트의 자기센서 값에 따라 동서남북을 나타내 줍니다.

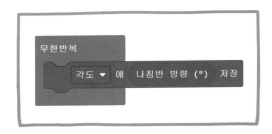

 마이크로비트 센서의 동서남북
마이크로비트는 센서 값에 따라 동서남북을 나타낼 수 있습니다. 오른쪽 그림처럼 마이크로비트는 센서 값이 315°와 45° 사이에 있으면 '북쪽'을 나타냅니다. 그리고 45°보다 크고 135°보다 작으면 '동쪽', 135°보다 크고 225°보다 작으면 '남쪽', 마지막으로 225°보다 크고 315°보다 작으면 '서쪽'을 나타냅니다.

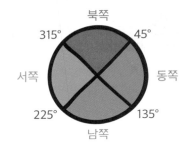

4. '논리' 카테고리에서 **만약 참이면** 블록을 드래그하여 팔레트에 다음과 같이 추가해 주세요. 앞에서 '각도' 변수에 저장한 자기 센서의 각도를 if문의 조건으로 사용해 보겠습니다.

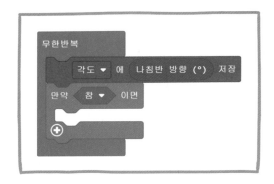

 if문은 조건문이라고 해요. 특정 조건으로 나누어 일을 처리하기에 적절한 명령어랍니다. 주어진 조건이 '참'이냐 '거짓'이냐에 따라 다음 명령을 처리합니다.

5. 우선, 북쪽을 나타내기 위해 각도의 범위를 설정하겠습니다. **만약 참이면** 블록의 '참(true)' 부분에 '논리' 카테고리에서 ' ' **그리고** ' ' 블록을 가져가 보세요! 쏙 들어가죠? 이 ' ' **그리고** ' ' 블록의 양쪽 빈 칸은 북쪽을 나타내는 센서 값을 사용해 채울 거예요.

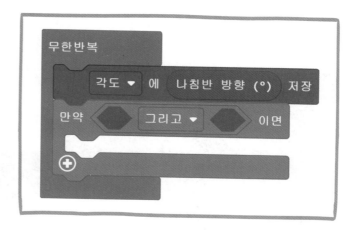

6. ' ' **그리고** ' ' 블록의 왼쪽 빈칸에는 '논리' 카테고리에서 '**0**' '**<**' '**0**' 블록을 가져와 추가해 주세요. 그리고 '**<**' 기호를 눌러 '**≥**'로 변경해 주세요. 그리고 왼쪽에는 43쪽에서 만든 **각도** 변수 블록을, 오른쪽에는 '0'을 입력해 주세요. 계속해서 ' ' **그리고** ' ' 블록의 우측 부분에도 '논리' 카테고리에서 '**0**' '**<**' '**0**' 블록을 가져와 추가해 주세요. 부등호는 기본값 그대로 '**<**'를 사용할 거예요. 그리고 왼쪽에는 **각도** 변수 블록을, 오른쪽에는 '45'를 입력해 주세요. 이는 '각도가 0도이거나 0도보다 크고, 45도 미만'인 조건을 만족할 때 다음 행을 실행하라는 의미입니다.

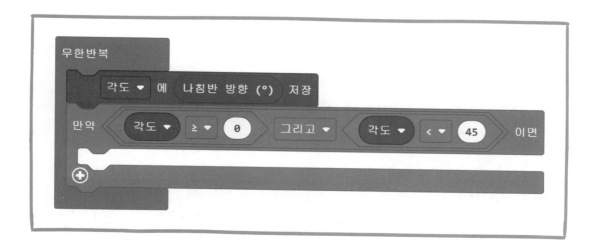

7. '기본' 카테고리에서 **화살표 출력 '북쪽'** 블록을 드래그하여 끼워 맞춥니다. 이 블록은 해당 방향의 화살표를 LED를 이용해 출력하는 기능입니다.

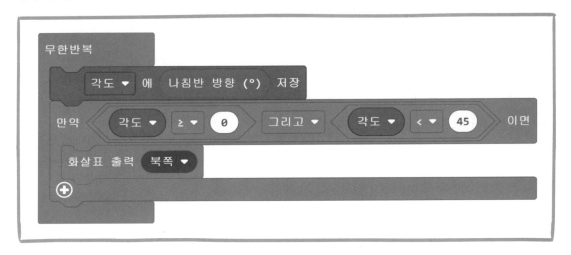

8. 이제 나머지 '동/서/남' 쪽을 나타내기 위해 각도의 범위를 설정하겠습니다. **4** 번에서와 같이 **만약 참이면** 블록을 추가해 주세요. 그리고 북쪽을 가르키는 화살표를 만든 것처럼 똑같이 코딩하면 되는데요, 이번에는 서쪽을 나타내는 화살표를 출력해 보겠습니다. 각도 값을 '45도와 크거나 같고 135도보다 작을 때'로 바꾸어 주면 됩니다. 그리고 **화살표 출력 '북쪽'** 블록은 '서쪽'으로 설정해 주세요(위에서 만든 블록들을 복사해서 추가하고 수정해도 됩니다).

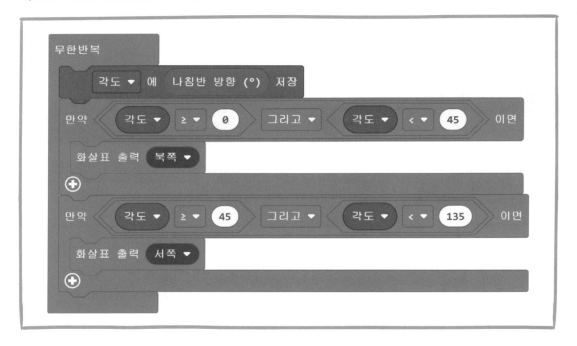

9. 같은 방법으로 '남쪽' 방향을 코딩하겠습니다. **만약 참이면** 블록을 추가하고, 남쪽을 지정하는 각도 값을 '135도와 크거나 같고 225도보다 작을 때'로 바꾸어 주면 됩니다. 그리고 **화살표 출력 '북쪽'** 블록은 '남쪽'으로 설정해 주세요.

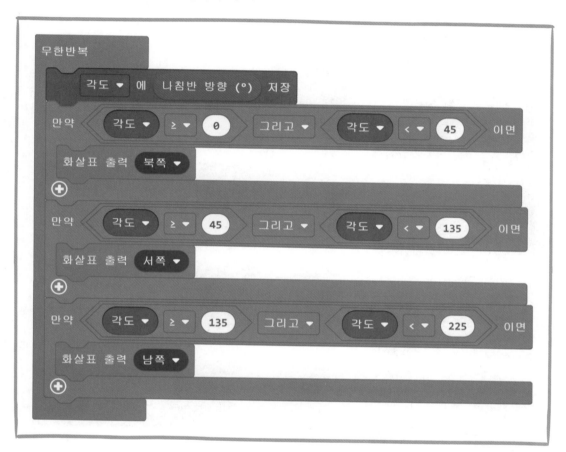

10. 이제 '동쪽' 방향 차례입니다. 동쪽을 지정하는 각도 값을 '225도와 크거나 같고 315도보다 작을 때'로 바꾸어 주면 됩니다. **화살표 출력 '북쪽'** 블록은 '동쪽'으로 설정해 주세요.

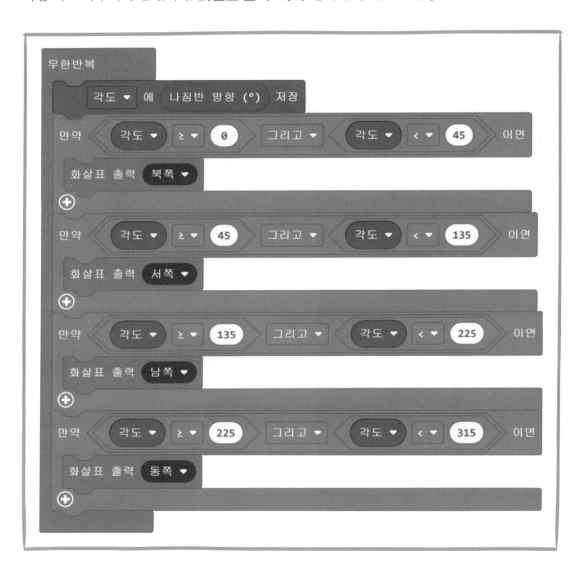

11. 10번의 코드를 잘 보면 방위 360도 중에 부족한 부분이 있는 것을 알 수 있습니다. 마지막으로 나머지 각도를 북쪽을 가르킬 수 있도록 코딩해 주세요. 각도 값을 '315도와 크거나 같고 360도보다 작을 때'로 바꾸어 주면 됩니다. 마찬가지로 **화살표 출력 '북쪽'** 블록도 끼워 주세요.

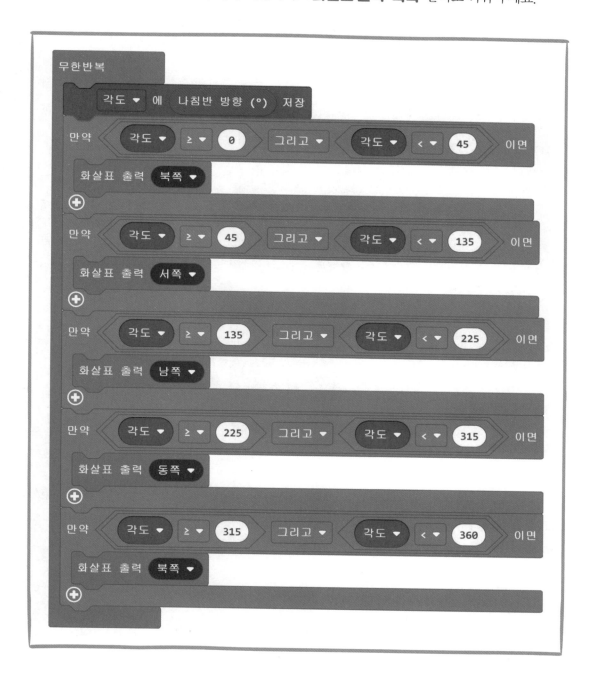

전체 알고리즘 알아보기

자, 이렇게 블록 코딩이 완성되었어요.

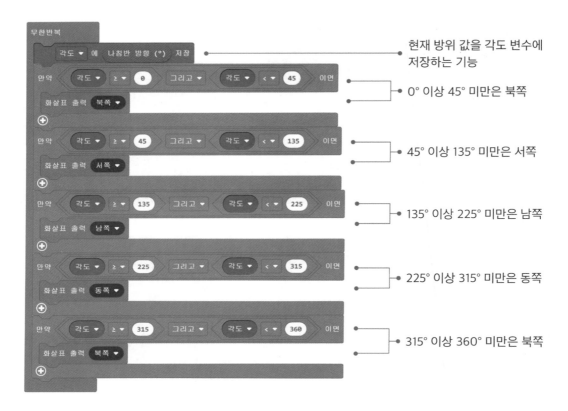

현재 방위 값을 각도 변수에 저장하는 기능

0° 이상 45° 미만은 북쪽

45° 이상 135° 미만은 서쪽

135° 이상 225° 미만은 남쪽

225° 이상 315° 미만은 동쪽

315° 이상 360° 미만은 북쪽

마이크로비트에 업로드한 후 'DRAW A CIRCLE'이라는 문자열이 나오면 마이크로비트를 돌리면서 LED로 원을 그려주세요. 이 과정은 나침반을 보정하는 과정이에요. 프로그램을 업로드한 후 한 번만 보정하면 됩니다. 원이 다 그려지면 웃는 얼굴이 나오고 북쪽을 향하는 화살표가 있는 나침반을 사용할 수 있습니다.

 문자열은 글자가 하나만 있는 '문자'가 여러 개 이어진 상태를 뜻합니다. 즉, 'a'는 문자이고, 'apple'은 문자열이죠.

이렇게 소프트웨어가 모두 완성되었습니다. 마이크로비트를 이쪽저쪽으로 이동하면서 나침반을 테스트해 보세요. 잘 작동되나요?

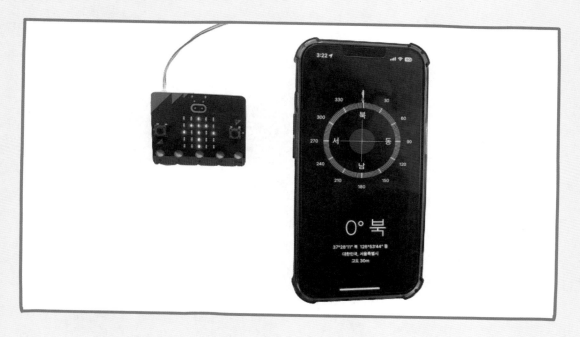

주의사항

마이크로비트가 잘 동작하나요? 만약 잘 동작하지 않는다면 다음과 같은 사항을 확인해 보세요.

1. 방향에 따른 각도의 값이 정확하게 입력되었는지 주의 깊게 살펴보세요.
2. 마이크로비트가 잘 작동하지 않는다면 나침반 보정을 다시 한번 해 보세요.

레벨 업

마이크로비트를 잘 이해했다면 다음 문제를 풀어 보세요.

1. 화살표가 아닌 글자로 방위를 표시해 보세요.
2. 8방위로 나누어 북서쪽을 표시하려면 어떻게 해야 할까요?

프로젝트 04

동요
연주하기

수준

● 학습 목표

버튼을 누르면 마이크로비트(V2)에 내장된 스피커를 이용하여 동요를 연주해 주는 프로그램을 만들어 보자.

● 핵심 키워드

마이크로비트, 음악(소리)

● 준비물

마이크로비트 1대

● 학습 시간

소프트웨어 코딩하기: 15분

● 동영상 QR 코드

소프트웨어 따라 하기
http://m.site.naver.com/
0qhN4

이번 프로젝트에서는 소리를 발생시킬 수 있는 스피커를 이용해 동요를 연주해 볼 거예요. 마이크로비트(V2)에는 스피커가 내장되어 있어서 마이크로비트 보드 하나만으로 쉽게 소리를 만들 수 있습니다. 그럼, 마이크로비트에 있는 버튼을 사용해 동요를 만들어 볼까요?

스피커 이해하기

마이크로비트(V2)에는 스피커가 내장되어 있어서 소리를 출력하는 프로그램을 만들기가 매우 편리합니다. 스피커는 전기적 신호를 기계적 신호로 바꿔서 진동판을 떨리게 하고, 떨리는 진동판 주변의 공기가 파동을 만들어 소리를 발생하는 원리로 작동합니다. 떨리는 공기의 파동이 사람의 귀로 전달되어 인식되면 우리는 이를 '소리를 들었다'고 표현할 수 있습니다.

스피커

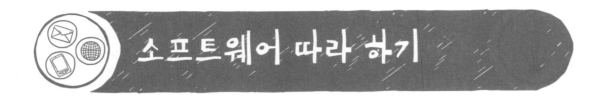

코딩 준비하기

앞에서처럼 순서도를 생각하여 그려 볼까요?

1. 어떤 동요를 연주할지 생각하고 악보를 준비합니다.

2. 버튼 A를 누르면 동요가 출력되도록 코딩합니다.

3. 마이크로비트에서 동요가 연주되는지 확인한다.

코딩 따라 하기

1. 우선, 어떤 동요를 연주할지 연주할 동요의 악보를 준비해야 합니다. 여기서는 다음과 같이 '학교종'이라는 노래를 연주할 거예요.

가사	계이름	박자
학교종이	솔솔라라	1111
땡땡땡	솔솔미	112
어서모이자	솔솔미미레	11114

2. 이제 마이크로비트 블록 코딩 에디터를 실행하고, '음악' 카테고리에서 **내장 스피커 켜기** 설정 블록을 가져와서 **시작하면**에 넣어 줍니다. 이렇게 하면 마이크로비트가 처음 시작될 때 내장 스피커를 사용할 수 있게 됩니다.

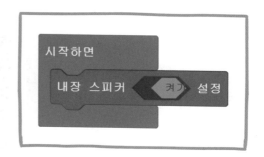

3. 버튼을 누르면 동요가 시작되도록 코딩해 보겠습니다. '입력' 카테고리에서 **'A버튼' 눌릴 때**를 가져옵니다. 그리고 '음악' 카테고리에서 **재생 '도' 음을 1박자 동안 재생 완료될 때까지**를 가져와 넣어 줍니다.

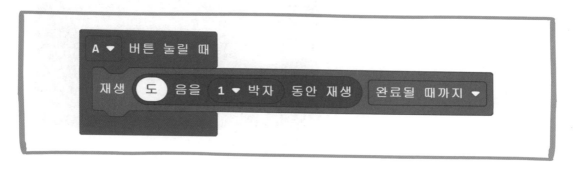

4. 여기서 '도' 부분을 클릭하면 피아노 건반이 나옵니다. 피아노 건반을 보면서 코딩할 수 있으니 마이크로비트가 정말 편하죠?

5. 그럼, 동요의 계이름을 따라 연주하는 코딩을 해 볼까요? 음악을 연주할 때는 계이름뿐만 아니라 박자도 중요해요. 그래서 1박자, 2박자 등의 설정도 음악에 맞춰서 해 줘야 합니다. '학교종' 계이름과 박자에 맞춰 오른쪽과 같이 코딩해 보세요(위에서 만든 블록들을 복사해서 추가하고 수정해도 됩니다).

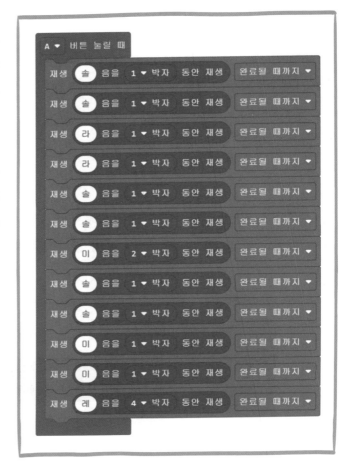

6. 코딩을 모두 완료했다면 코딩한 파일을 마이크로비트에 업로드하세요. 그리고 마이크로비트의 A버튼을 눌렀을 때 스피커에서 '학교종' 음악이 흘러나오는지 들어 보세요

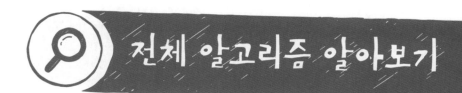

내장 스피커를 활성화하기

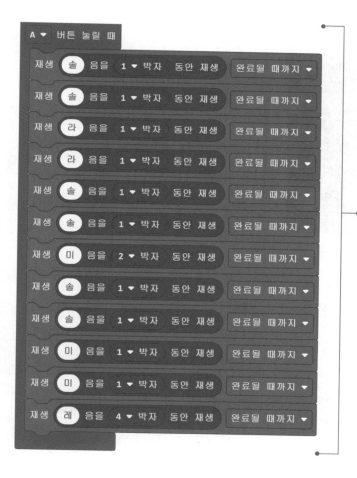

버튼 A를 누르면 출력되는 음계와 박자

이렇게 소프트웨어와 하드웨어가 모두 완성되었습니다. 마이크로비트의 버튼 A를 눌러 보세요. 스피커로 동요가 잘 들리나요?

스피커

주의사항

마이크로비트가 잘 동작하나요? 만약 잘 동작하지 않는다면 다음과 같은 사항을 확인해 보세요.

1. 코드 블록이 올바른 순서대로 조립되었는지 확인해 보세요.
2. 스피커가 내장되지 않은 마이크로비트 V1으로 작동을 시도했는지 확인해 보세요.

레벨 업

마이크로비트를 잘 이해했다면 다음 문제를 풀어 보세요.

1. 앞에서 코딩한 '학교종'의 뒷부분을 이어서 연주하는 코딩을 해 보세요.
2. '학교종' 외에 다른 동요도 연주해 보세요.

프로젝트 05

반응 속도
게임

수준

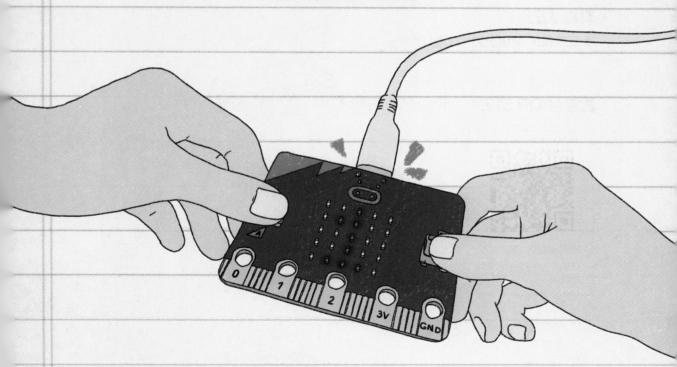

학습 목표

랜덤 함수를 사용하여 LED에 불빛이 들어올 때 마이크로비트의 버튼을 누르는 반응
속도 게임을 만들어 보자.

핵심 키워드

마이크로비트, 랜덤 블록, 난수

준비물

마이크로비트 1대

학습 시간

소프트웨어 코딩하기: 30분

동영상 QR 코드

소프트웨어 따라 하기
http://m.site.naver.com/
0qhN9

이번 프로젝트에서는 마이크로비트만을 이용하여 반응 속도 게임을 만들어 볼 거예요. 마이크로비트에 내장되어 있는 LED와 버튼을 이용하여 자신의 반응 속도가 얼마나 좋은지 알아볼까요?

난수란?

이번 프로젝트는 랜덤 블록을 사용하여 반응 속도 게임을 만들 거예요. 랜덤 블록을 다른 단어로 표현할 수 있다는 것을 알고 있나요? 바로 **난수**입니다. 난수는 영어로 'Random Number'라고 합니다. Random은 '무작위'라는 뜻을 가지고 있습니다. 난수는 특정한 순서나 규칙 없이 나열되는 숫자를 뜻합니다. 예를 들어, 우리가 주사위 게임을 할 때 주사위에서 어떤 수가 나올지 모르는 것처럼 말이죠. 이처럼 난수는 규칙적이지 않기 때문에 예상할 수 없습니다. 이런 난수의 특징 덕분에 주사위나 음악 랜덤 재생 등에 사용되고 있습니다.

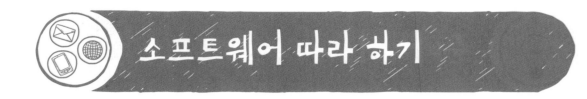

코딩 준비하기

앞에서처럼 순서도를 생각하여 그려 볼까요?

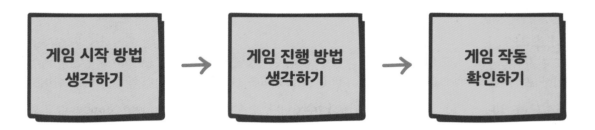

1. LED에 '3, 2, 1' 카운트다운을 나타내 게임 시작을 알립니다.

2. 무작위 시간 후에 LED가 켜지면 버튼을 누르고 어떤 버튼이 눌렸는지 알 수 있도록 코딩합니다.

3. 여러분이 설정한 대로 마이크로비트 게임이 진행되는지 확인합니다.

우리는 마이크로비트가 '3, 2, 1' 카운트를 시작하면 게임을 시작합니다. 마치 쌀보리 게임을 할 때 주먹을 언제 잡아야 할지 알 수 없듯이 랜덤 블록을 이용하여 버튼을 눌러야 하는 순간을 정할 겁니다. LED가 켜진 순간 버튼을 얼마나 빨리 누를 수 있는지 친구와 경쟁해 보세요!

코딩 따라 하기

1. 마이크로비트 블록 코딩 에디터를 실행하고, 버튼 2개를 모두 누르면 게임을 시작하겠습니다. '입력' 카테고리에서 **'A' 버튼 눌릴 때** 블록을 클릭하거나 드래그하여 팔레트에 추가하고, 'A'를 'A+B'로 바꿔 주세요. 그다음 '논리' 카테고리에서 **만약 참이면** 블록을 팔레트에 추가합니다.

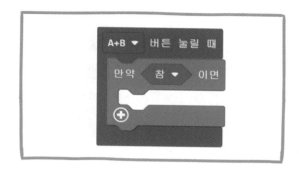

2. '변수' 카테고리에서 '변수 만들기'를 클릭하여 새로운 변수를 만들어 주세요. 저는 '시작'이라는 변수를 만들어 보았습니다. '시작' 변수를 넣으면 실수로 게임이 시작되는 것을 막을 수 있습니다. 변수의 값을 if문의 조건으로 사용하여 게임을 할 때 에러가 발생하는 일을 줄일 수 있습니다.

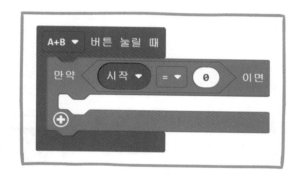

3. '기본' 카테고리에서 **수 출력 '0'** 블록을 팔레트에 3개 추가하여 각각 3, 2, 1의 숫자로 바꾸어 줍니다. 이 블록은 게임 시작을 알려주는 알림으로 사용하겠습니다. 그리고 '1'이라는 숫자가 사라질 수 있도록 '기본' 카테고리에서 **LED 스크린 지우기** 블록을 추가해 주세요.

4. 반응 속도 게임인 만큼 정해진 시간 동안 중지하는 것보단 무작위 시간 동안 중지하는 것이 좋겠죠? '기본' 카테고리에서 **일시 중지 '100' (ms)** 블록을 팔레트에 추가하고 '계산' 카테고리에서 **'0' x '0'** 블록을 **일시 중지 '100' (ms)** 블록에 끼워 맞추어 주세요.

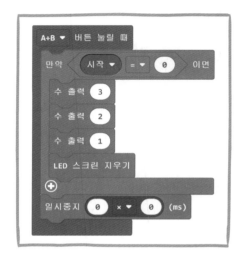

 '0' x '0' 블록을 넣는 이유는 무작위 시간 동안 LED를 깜빡이기 위해서입니다.

5. '계산' 카테고리에서 **'0'부터 '10'까지의 정수 랜덤값** 블록을 가져와 **'0' x '0'** 블록에 끼워 주세요. **'0'부터 '10'까지의 정수 랜덤값** 블록은 0부터 사용자가 지정한 정수까지의 범위 중에서 무작위로 하나의 숫자를 지정하는 블록입니다. '0'부터 '10'까지의 정수 랜덤값 블록에서 '10'을 '2'로 바꾸고, 곱하기(x)의 오른쪽 '0'을 '1000'으로 바꾸면 0부터 2000ms(2초)의 값이 무작위로 나오겠죠?

6. 가로세로 5개의 LED를 랜덤으로 켜기 위해 'LED' 카테고리에서 **켜기 x '0' y '0'** 블록을 팔레트에 추가해 주세요. 그리고 '계산' 블록에서 **'0' 부터 '10'까지의 정수 랜덤값**을 꺼내 **켜기 x '0' y '0'**

블록의 '0'에 각각 끼워 주세요. LED는 가로(x), 세로(y)로 5개씩 있으므로 난수 범위는 0부터 4로 설정해 주어야 해요.

7. '변수' 카테고리에서 **'시작'에 '0' 저장** 블록을 팔레트에 추가해 주세요. 그리고 '0' 대신 '1'을 저장해 주세요. 시작 값을 1로 변경하는 이유는 게임을 하면서 원치 않는 재시작을 방지하기 위해서입니다. 시작 변수의 값이 0이

되어야 게임을 시작할 수 있어요.

8. 이제 '변수' 카
테고리에서 '변수 만
들기'를 눌러 '중복 방
지'라는 변수를 하나
더 만들어 주세요. 그
리고 **'중복 방지'에
'0'저장** 블록을 팔
레트에 추가하고 '0'은
그대로 둡니다. 중복
방지 변수는 랜덤으
로 LED를 켜기 전에
A, B 버튼을 클 릭하

여 게임을 방해하는 것을 막기 위해 사용하는 변수입니다.

9. 지금까지 게임을 시작하는 블록을 만들었습니다. 이제 본
격적으로 게임을 하기 위한 블록을 작성하겠습니다. '입력' 카테
고리에서 **'A' 버튼 눌릴 때** 블록을 팔레트에 추가해 주세요 그
리고 **만약 참이면** 블록을 안에 추가해 주세요.

10. '논리' 카테고리에서 **'0' '=' '0'** 블
록을 꺼내 끼워 맞추세요. 그리고 '변수' 카
테고리에서 **중복 방지** 변수를 추가해 주세
요. A 버튼을 누르더라도 중복 방지 변수의
값이 0이 아니라면 실행되지 않습니다.

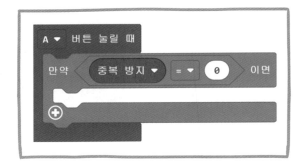

11. A 버튼을 누르면 '왼쪽 화살표'가 출력되도록 코딩해 보겠습니다. '기본' 카테고리에서 **LED 출력** 블록을 가져와 왼쪽 화살표 모양으로 수정해서 **만약** 블록 안에 추가해 주세요. 그리고 게임을 다시 진행할 수 있도록 '기본' 카테고리에서 **LED 스크린 지우기**를 추가해 주세요.

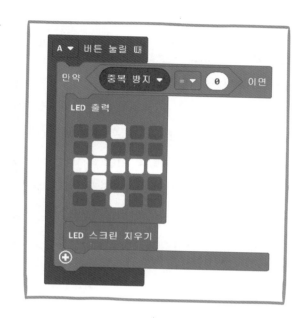

12. '변수' 카테고리에서 **'중복 방지'에 '0' 저장** 블록을 팔레트에 추가하고, '중복 방지'를 시작 변수로 변경해 주세요. 그래야 **7**번에서 코딩한 대로 시작 변숫값을 1로 바꾸고 버튼 A를 누르기 전까지는 원치 않는 재시작을 방지할 수 있습니다. 버튼 A를 누르면 시작 변수의 값이 0으로 바뀌어 게임을 다시 시작할 수 있게 됩니다.

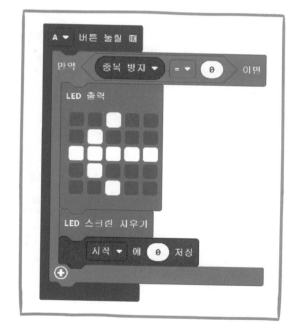

13. 그다음은 '변수' 카테고리에서 **'중복 방지'에 'O' 저장** 블록을 팔레트에 추가해 주세요. **8**번에서 코딩한 대로 중복 방지 변숫값이 0이 되면 A 버튼을 눌러서 화살표 표시를 진행할 수 있습니다. **'A' 버튼 눌릴 때** 블록 안에서 **'중복 방지'에 '1' 저장** 블록을 추가해 주세요. 그렇게 하면 재시작하기(A+B 누르기) 전까지는 A, B 버튼을 각각 눌러도 중복으로 입력되지 않습니다.

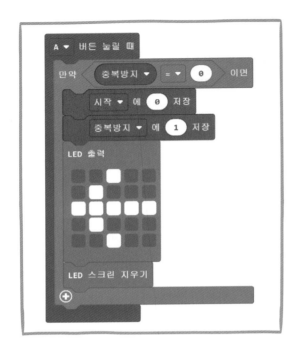

14. 계속해서 B 버튼을 누르면 '오른쪽 화살표'가 출력되도록 코딩해 볼까요? **13**번을 참고하여 스스로 블록을 조립해 보세요.

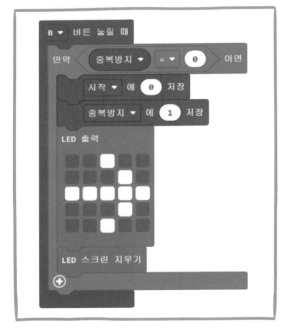

자, 이제 소프트웨어 코딩을 마쳤습니다. 전체 알고리즘을 보면서 복습해 볼까요?

자, 이렇게 3개의 블록을 완성했어요.

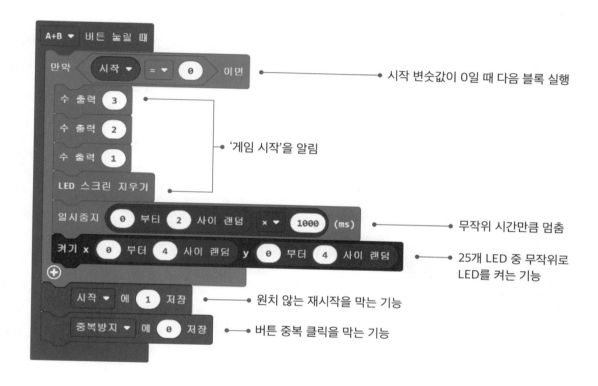

이 블록 코드는 A 버튼과 B 버튼을 동시에 누르면 '3, 2, 1' 카운트와 함께 게임을 시작합니다. 원치 않는 재시작을 방지하기 위해 '시작' 변수를 사용했고, 버튼이 중복으로 클릭되지 않도록 '중복 방지' 변수를 사용했습니다.

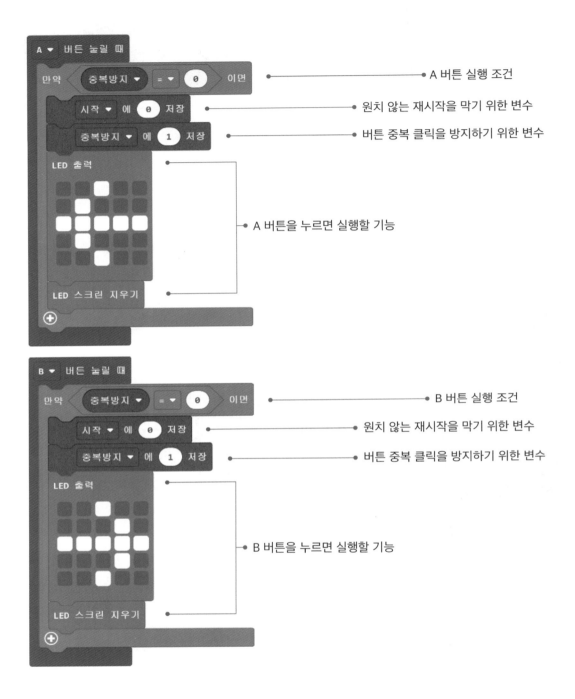

A 버튼 실행 조건

원치 않는 재시작을 막기 위한 변수

버튼 중복 클릭을 방지하기 위한 변수

A 버튼을 누르면 실행할 기능

B 버튼 실행 조건

원치 않는 재시작을 막기 위한 변수

버튼 중복 클릭을 방지하기 위한 변수

B 버튼을 누르면 실행할 기능

A 버튼을 누르면 왼쪽 화살표 모양의 LED가 표시되고 B 버튼을 누르면 오른쪽 화살표 모양의 LED가 표시됩니다. 마찬가지로, 원치 않는 재시작을 방지하기 위해 '시작' 변수를 사용했고, 버튼이 중복으로 클릭되지 않도록 '중복 방지' 변수를 사용했습니다.

코드를 업로드한 후 A와 B 버튼을 동시에 누르면 게임을 시작할 수 있습니다. '3, 2, 1' 카운트다운이 지나면 무작위 시간만큼 멈추고 25개의 LED 중 무작위한 위치에 LED가 켜집니다. LED가 켜지면 A, B 버튼 중 재빨리 버튼을 누른 쪽이 화면에 출력됩니다.

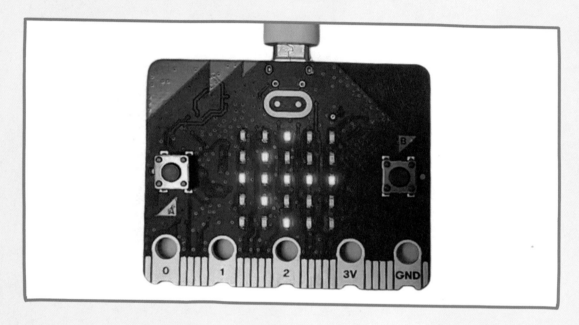

주의사항

마이크로비트가 잘 동작하나요? 만약 잘 동작하지 않는다면 다음과 같은 사항을 확인해 보세요.

1. 코드 블록이 올바른 순서대로 블록이 조립되었는지 확인해 보세요. 특히, 변수들의 값이 잘 저장되었는지 확인해 보세요.

레벨 업

마이크로비트를 잘 이해했다면 다음 문제를 풀어 보세요.

1. 무작위 시간이 아닌 정해진 시간으로 작성해 보세요.
2. 난수 조건을 바꾸어서 작성해 보세요.

라디오 함수를 사용해 원격 제어하기

수준

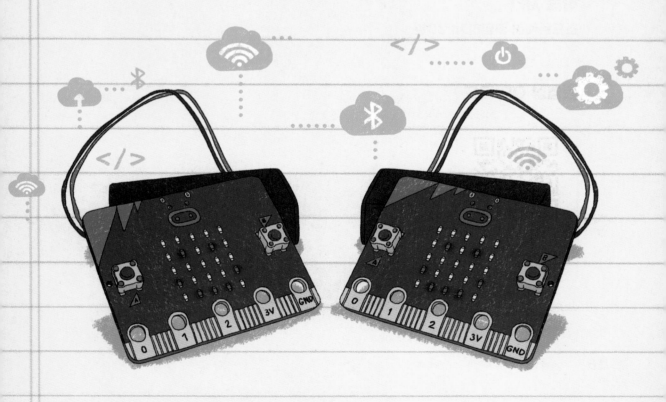

● 학습 목표

마이크로비트에 내장되어 있는 라디오 센서를 사용해 두 개의 마이크로비트를 라디오 주파수로 연결하고, A/B 버튼을 이용해 서로 원격으로 제어해 보자.

● 핵심 키워드

마이크로비트, 라디오 함수, 원격 제어, 라디오 통신

● 준비물

마이크로비트 2대

● 학습 시간

소프트웨어 코딩하기: 30분

● 동영상 QR 코드

소프트웨어 따라 하기
http://m.site.naver.com/
0qlcl

이번 프로젝트에서는 마이크로비트의 라디오 함수를 이용해 마이크로비트를 서로 원격 제어해 볼 거예요. 원격 제어를 할 수 있는 방법은 대표적으로 두 가지가 있는데요. 와이파이 통신, 블루투스 통신이 있어요. 두 통신 모두 무선통신의 종류랍니다(더 자세한 내용은 다음 쪽을 참고하세요). 그럼, 무선통신이 무엇인지 먼저 알아볼까요?

무선통신

무선통신이란 물리적인 전선을 사용하지 않고 전파를 이용해 원격지에 정보를 전달하는 통신 기술을 말하는 거예요. 대표적으로 음파 전송 기술, 이동통신 기술, 위성통신 기술, 근거리 무선통신 기술이 포함됩니다.

일상에서 가장 많이 사용하는 통신으로는 근거리 통신이 있으며, 스마트폰, 태블릿 PC 등에 많이 사용되고 있습니다. 손을 쓰지 않고 전화를 하거나 정보 기기 간에 데이터를 주고받는 등 많은 임무를 수행하고 있어요. 대표적으로는 **블루투스**, **와이파이**, **지그비**, **NFC**가 있어요. 블루투스는 비교적 일찍 상용화되어 폭넓게 사용되고 있습니다. 그리고 와이파이는 여러분도 이미 친숙하게 사용하고 있죠? 지그비는 적은 전력으로 오래가는 장점을 가지고 있습니다. NFC는 신용카드, 은행, 자동차 등 지갑과 열쇠를 대체하는 기술로 사용하고 있어요.

자, 이렇게 무선 통신에 대해 알아보았으니 실제로 두 마이크로비트를 서로 원격으로 제어하는 코딩을 해 볼까요?

와이파이 통신

'와이파이(Wi-Fi)'는 네트워크 무선 통신 장치예요. 과거에는 라디오 주파수를 이용했지만 현대에 들어오면서 많은 데이터를 처리하기에는 라디오 주파수가 역부족이었어요. 그래서 점점 더 빠른 통신을 개발하다 현재에 이르러 와이파이가 상용화되었답니다. 요즘에는 가정마다 하나씩 필수로 가지고 있을 만큼 보편적으로 사용되고, 심지어 길거리, 지하철, 버스 안에서도 쉽게 찾아 사용할 수 있어요. 와이파이 통신은 기본적으로 2.4GHz 라디오 주파수를 사용하므로 통신 범위 내에서는 누구나 접속할 수 있는 장점이 있어요. 하지만 누구나 접속할 수 있기 때문에 해킹에 약한 단점이 있어요.

블루투스 통신

블루투스 통신은 휴대폰이나 노트북, 그리고 최근에는 이어폰 같은 휴대용 디바이스를 서로 연결해 데이터를 나누고 공유할 때 사용하는 근거리 무선 기술 표준을 말하는 거예요. 평균적으로 10미터 거리 내외에서 사용할 수 있고, 최대 20미터까지 케이블 없이 사용할 수 있는 장점이 있어요. 블루투스 통신은 두 기기가 같은 주파수로 페어링되지 않으면 사용할 수 없어요. 그래서 와이파이 통신보다는 비교적 안전한 통신 방법이에요. 요즘에는 점차 사용할 수 있는 영역을 확대하고 있어서 더욱 촉망받는 통신 방법이기도 한데요. 자동차와 휴대폰을 연결하거나 카메라 같은 기기에서도 사용되고 있으며, 최근 각광받고 있는 사물 인터넷에도 많이 사용되고 있답니다.

소프트웨어 따라 하기

코딩 준비하기

앞에서처럼 순서도를 생각하여 그려 볼까요?

라디오 통신 주파수 설정하기 → 보내는 숫자에 따라 취할 행동 설정하기 → 마이크로비트 제어하기

1. 첫째로, 사용할 라디오 통신 주파수를 설정해 주어야겠죠?

2. 라디오 통신으로 연결된 두 마이크로비트에 어떤 행동을 취할지 설정합니다.

3. 마이크로비트에서 어떠한 값을 보냈을 때, 다른 마이크로비트에서 지정된 액션을 취하는 동작을 코딩합니다.

자, 이제 위와 같은 코딩 순서에 따라 블록 코딩을 만들어 볼까요?

코딩 따라 하기

1. 마이크로비트 블록 코딩 에디터를 실행하고, '라디오' 카테고리에서 **라디오 그룹을 '1'로 설정** 블록을 클릭하거나 드래그하여 팔레트에 추가합니다. 그리고 **시작하면** 부분에 넣어 마이크로비트를 처음 시작할 때 라디오 주파수를 설정할 수 있게 지정해 줍니다.

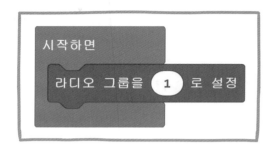

 여기서 [라디오 그룹 설정 '1'] 블록의 숫자는 1 ~ 255까지 설정할 수 있어요. 이는 주파수 대역을 설정해 다른 주파수와 혼선이 일어나지 않게 하려는 거예요. 우리는 숫자 1로 해놓고 사용해 보겠습니다.

2. '라디오' 카테고리에서 **라디오 숫자 수신시 'receivedNumber'** 블록을 클릭하거나 드래그하여 팔레트에 추가합니다. 이 블록은 라디오 통신을 이용해 어떤 숫자를 제공받았을 때 특정한 행동을 실행하게 해 주는 블록이에요. 이 블록에서는 숫자 '1'을 제공받았을 때, 아이콘이 출력되도록 할 거예요. '논리' 카테고리에서 **만약 '참'이면** 블록을 가져와 **라디오 숫자 수신시 'receivedNumber'** 블록에 추가해 주세요.

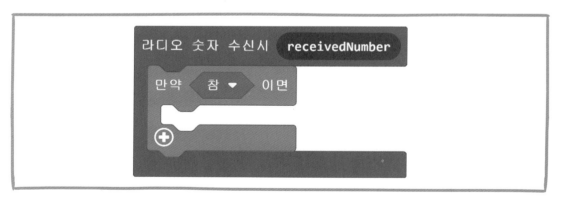

 여기서부터는 **1**과 별도로 새로운 블록 묶음이 시작됩니다. 헷갈리면 안 되요!

3. '논리' 카테고리에서 **'0' '=' '0'** 블록을 가져와 **만약 '참'이면** 블록의 '참(true)' 부분에 추가해 주세요. 그리고 **라디오 숫자 수신시 'receivedNumber'** 블록에서 **receivedNumber** 블록을 클릭하거나 드래그해서 **'0' '=' '0'** 블록의 왼쪽 '0' 부분에 추가해 주세요. 그리고 나머지 오른쪽의 '0'은 '1'로 바꿔 주세요. 여기서 '1'은 라디오 통신을 통하여 숫자 1을 제공받았다는 의미예요. 그리고 **만약 '참'이면** 블록의 실행 부분에 '기본' 카테고리의 **아이콘 출력** 블록을 추가해 주세요.

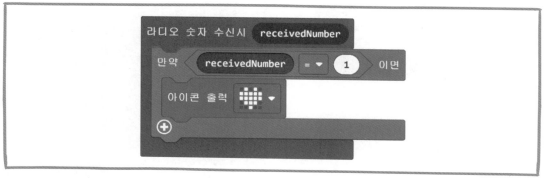

4. 계속해서 라디오 통신을 통해 2, 3이라는 숫자를 받았을 때 실행할 행동을 추가하겠습니다. 이번에는 **3**번에서 만든 **만약 '참'이면** 블록을 복사하여 사용하겠습니다. **3**번에서 만든 블록에 마우스를 대고 오른쪽 버튼을 클릭해 보세요. 메뉴에서 '복사'를 누르면 복사된 블록이 반투명하게 보인답니다. 이 블록을 드래그하여 연결해 보세요. 블록을 한 번 더 복사하여 다음과 같이 붙여줍니다. 그리고 **'receivedNumber' '=' '1'** 블록의 숫자를 각각 2, 3으로 변경해 주세요.

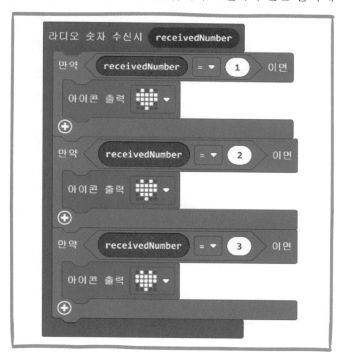

5. 숫자를 받았을 때 보여 줄 아이콘은 여러분이 원하는 모양으로 변경해 주세요. **아이콘 출력** 블록의 드롭다운 버튼을 누르면 선택할 수 있는 다양한 모양들이 나타납니다.

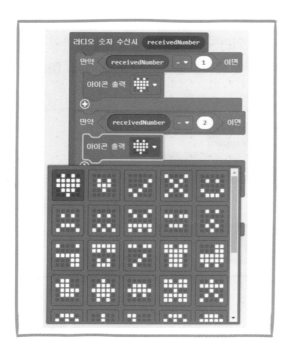 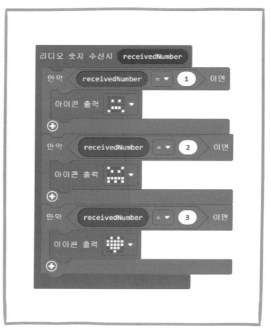

6. 이번에는 다른 마이크로비트로 숫자를 보내 마이크로비트를 제어하는 블록을 만들어 보겠습니다. '입력' 카테고리에서 **'A' 버튼 눌릴 때** 블록을 클릭하거나 드래그해서 팔레트에 3개를 추가해 주세요. 그리고 **'A' 버튼 눌릴 때** 블록의 'A' 부분을 각각 A, B, A+B로 설정해 주세요.

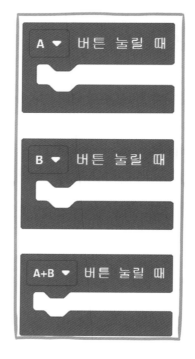

7. 버튼을 눌렀을 때 실행할 블록을 만들기 위해 '라디오' 카테고리에서 **라디오 전송: 수 '0'** 블록을 가져와 각각의 **'X' 버튼 눌릴 때** 블록에 추가하고, '0' 부분을 각각 4, 5, 6으로 숫자를 지정해 주세요. 이때 1, 2, 3은 이전 단계에서 사용한 값이므로 중복되지 않게 반드시 4, 5, 6으로 숫자를 지정합니다.

8. 마지막 **A+B 버튼 눌릴 때** 블록에서는 동시에 두 개의 마이크로비트가 웃는 표정을 표현하도록 할 거예요. '기본' 카테고리에서 **아이콘 출력** 블록을 추가한 후 '웃음' 모양 아이콘을 선택해 주세요.

9. 그리고 지금까지 작성한 코드를 하나의 마이크로비트에 업로드해 주세요.

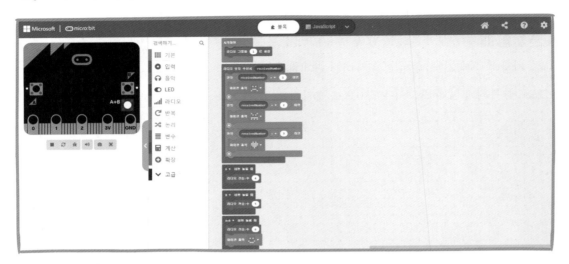

 이 마이크로비트를 '마이크로비트 A'로 정하겠습니다.

10. 다른 마이크로비트에 업로드할 코드는 지금까지 배운 내용을 참고하여 코딩해 보세요. 코드를 복사해 가져와서 보내는 숫자와 받는 숫자를 반대로 써 주기만 하면 된답니다. 그리고 **라디오 그룹을 '1'로 설정** 블록은 똑같이 1로 지정해야 하는 점을 잊지 마세요!

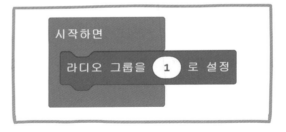

 여기서부터는 '마이크로비트 B'입니다.

11. 라디오 숫자 수신 시 'receivedNumber' 블록의 받는 숫자가 1, 2, 3에서 4, 5, 6으로 변경된 것을 그림으로 확인할 수 있는데요, 반대편의 마이크로비트에서 보내는 값을 받아서 아이콘을 출력해 줍니다.

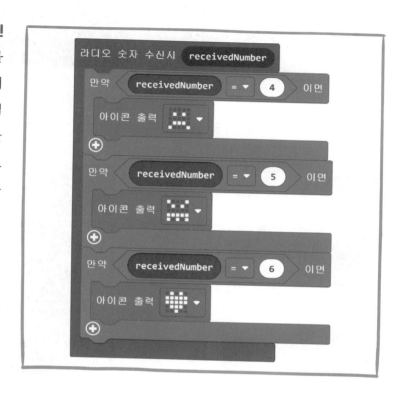

12. 마이크로비트 버튼을 눌렀을 때 반대편 마이크로비트에 숫자를 전송하기 위해 **6번**과 같이 **X 버튼 눌릴 때** 블록을 만들어 줍니다. 여기서 보내는 숫자가 4, 5, 6에서 1, 2, 3으로 변경된다는 점을 주의해 주세요.

이렇게 모든 코드 블록이 완성되었습니다. 전체 알고리즘을 보면서 복습해 볼까요?

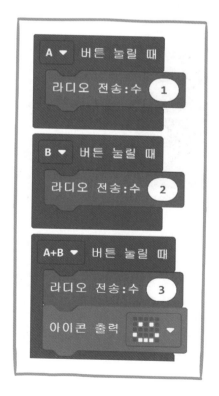

전체 알고리즘 알아보기

마이크로비트 A

시작하면
라디오 그룹을 **1** 로 설정 ━━● ①

라디오 숫자 수신시 receivedNumber ━━● ②

만약 receivedNumber = ▼ **1** 이면 ━━● ③
아이콘 출력 ▼
⊕
만약 receivedNumber = ▼ **2** 이면 ━━● ④
아이콘 출력 ▼
⊕
만약 receivedNumber = ▼ **3** 이면 ━━● ⑤
아이콘 출력 ▼
⊕

A ▼ 버튼 눌렀 때 ━━● ⑥
라디오 전송:수 **4**

B ▼ 버튼 눌렀 때 ━━● ⑦
라디오 전송:수 **5**

A+B ▼ 버튼 눌렀 때 ━━● ⑧
라디오 전송:수 **6**
아이콘 출력 ▼

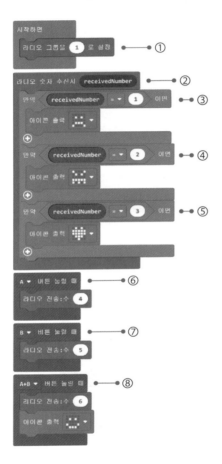

마이크로비트 B

시작하면
라디오 그룹을 **1** 로 설정

라디오 숫자 수신시 receivedNumber

만약 receivedNumber = ▼ **4** 이면 ━━● ⑨
아이콘 출력 ▼
⊕
만약 receivedNumber = ▼ **5** 이면 ━━● ⑩
아이콘 출력 ▼
⊕
만약 receivedNumber = ▼ **6** 이면 ━━● ⑪
아이콘 출력 ▼
⊕

A ▼ 버튼 눌렀 때 ━━● ⑫
라디오 전송:수 **1**

B ▼ 버튼 눌렀 때 ━━● ⑬
라디오 전송:수 **2**

A+B ▼ 버튼 눌렀 때 ━━● ⑭
라디오 전송:수 **3**
아이콘 출력 ▼

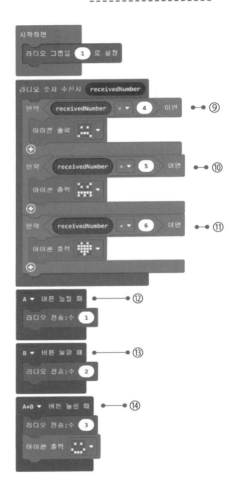

① (마이크로비트 A, B) 라디오 그룹 설정 및 주파수 설정

② (마이크로비트 A, B) 라디오 통신으로 정보를 받으면 다음 블록 실행

③ (마이크로비트 A) 1을 받으면 아이콘 출력

④ (마이크로비트 A) 2를 받으면 아이콘 출력

⑤ (마이크로비트 A) 3을 받으면 아이콘 출력

⑥ (마이크로비트 A) 버튼 A를 누르면 지정된 라디오 그룹으로 숫자 4 전송

⑦ (마이크로비트 A) 버튼 B를 누르면 지정된 라디오 그룹으로 숫자 5 전송

⑧ (마이크로비트 A) 버튼 A+B를 누르면 지정된 라디오 그룹으로 숫자 6 전송

⑨ (마이크로비트 B) 4를 받으면 아이콘 출력

⑩ (마이크로비트 B) 5를 받으면 아이콘 출력

⑪ (마이크로비트 B) 6을 받으면 아이콘 출력

⑫ (마이크로비트 B) 버튼 A를 누르면 지정된 라디오 그룹으로 숫자 1 전송

⑬ (마이크로비트 B) 버튼 B를 누르면 지정된 라디오 그룹으로 숫자 2 전송

⑭ (마이크로비트 B) 버튼 A+B를 누르면 지정된 라디오 그룹으로 숫자 3 전송

이 프로젝트에서 우리는 라디오 그룹을 설정하고, 각 주파수 값을 주고받는 방법을 배웠습니다. 이처럼 라디오 통신으로 정보를 받는 경우에는 함수를 실행하는데, 여기서는 1을 받으면 첫 번째 아이콘을, 2를 받으면 두 번째 아이콘을, 3을 받으면 세 번째 아이콘을 출력하도록 코딩했습니다. 또한, 버튼을 누름으로써 다른 마이크로비트와 통신하는 방법도 배웠습니다.

마무리

오늘은 라디오 통신을 이용해서 마이크로비트 2개를 원격으로 제어해 보았습니다. 마이크로비트에 업로드해서 직접 동작해 보세요. 여기서는 마이크로비트에 귀여운 케이스도 끼워 보았답니다.

주의사항

마이크로비트가 잘 동작하나요? 만약 잘 동작하지 않는다면 다음과 같은 사항을 확인해 보세요.

1. 라디오 그룹 지정이 제대로 되었는지 확인해 보세요. 이번 프로젝트에서 사용하는 라디오 그룹은 '1'입니다.
2. 라디오 전송 숫자를 확인해 보세요.

레벨 업

마이크로비트를 잘 이해했다면 다음 문제를 풀어 보세요.

1. 라디오 그룹을 1이 아닌 다른 숫자로 변경해 보세요.
2. 라디오 통신을 이용해 서보 모터를 직접 제어해 보세요.

나만의 펫
만들기

수준

- **학습 목표**

  마이크로비트의 내장 센서들을 통해 다양한 표정을 출력할 수 있는 나만의 펫을 만들어 보자. 특히, 내장된 가속도 센서를 이용해 마이크로비트의 물리적인 위치에 따라 표정이 바뀌도록 할 수 있다.

- **핵심 키워드**

  마이크로비트, 가속도 센서

- **준비물**

  마이크로비트 1대, 전용 배터리, 가위, 칼, 풀

- **학습 시간**

  하드웨어 설정하기: 15분   소프트웨어 코딩하기: 15분

- **동영상 QR 코드**

  소프트웨어 따라 하기
  http://m.site.naver.com/
  0qlcN

이번 프로젝트에서는 마이크로비트를 이용하여 나만의 펫(마이펫)을 만들겠습니다. 여기에서는 마이크로비트에 내장된 가속도 센서를 사용하여 상황에 따라 감정 표현이 달라지는 마이펫을 만들거예요. 그 전에 가속도 센서가 무엇인지 알아볼까요?

가속도 센서란?

가속도 센서는 말 그대로 가속도를 측정하는 센서입니다. 마이크로비트에서는 X, Y, Z 축의 가속도와 전체적인 가속도 측정이 가능해요. 가속도는 물체의 속도가 어느 정도로 빨라지고 있는지를 측정한답니다. 이 가속도 센서를 이용하면 기울기도 측정할 수 있어요. 세 축에서의 측정이 가능한 마이크로비트는 각 축에서 기울어지는 정도도 측정할 수 있답니다. 가속도 센서를 이용하면 여러 가지 활동적인 프로젝트들이 가능해요. 예를 들어, 마이크로비트를 움직이며 미로를 탈출하는 게임을 만들 수도 있고, 만보기를 만들 수도 있어요.

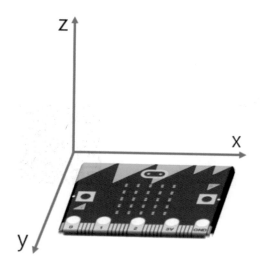

하드웨어 따라 하기

Icbanq 블로그에 있는 마이펫 전개도를 다운로드하면 귀여운 마이펫 몸체를 만들 수 있습니다. 모두 함께 마이펫을 만들어 볼까요?

1. Icbanq 블로그(https://blog.naver.com/icbanq/221222988828)에서 '마이크로비트 P7 전개도.PNG' 파일을 다운로드하여 출력해 주세요. 마이크로비트에 맞으려면 꼭 A4 용지 크기로 출력해야 해요.

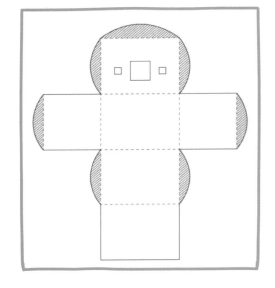

 전개도가 포함된 블로그 포스팅으로 바로 이동하려면 단축 URL이나 QR 코드를 이용해도 좋습니다.

마이펫 전개도
http://bit.ly/2MMtWge

2. 그럼 이제 가위를 이용해서 마이펫의 몸체가 될 부분만 잘라주세요. 손을 다치지 않게 조심하세요! 실선을 따라 가위로 잘라주세요. (점선은 자르면 안 돼요!)

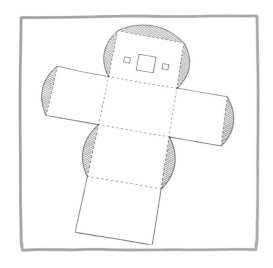

3. 이제는 얼굴을 만들 차례입니다. 얼굴 부분은 칼로 잘라야 하므로 손을 다치지 않도록 조심해야 합니다.

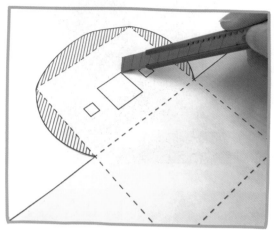 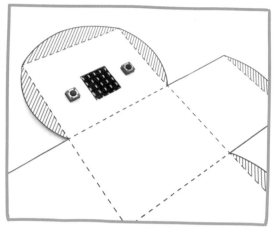

 마이펫 얼굴이 마이크로비트에 딱 맞게 들어가야 해요. LED 디스플레이나 버튼이 잘 보이지 않는다면 구멍을 조금씩 넓혀주세요.

4. 자, 이제 전개도의 점선을 따라 안쪽으로 접어 주세요. 그리고 빗금 친 부분에는 풀을 발라 맞닿는 부분끼리 붙여 주세요. (마지막 한 면은 잠시 후에 붙일 거예요.) 그럼 직육면체 모양의 마이펫 몸체가 완성됩니다. 이제 이 안에 코딩된 마이크로비트와 배터리를 넣고 뚜껑을 닫으면 돼요. 하지만 그 전에 마이크로비트 안에 들어갈 코딩을 배워 볼까요? 소프트웨어 코딩을 마친 후에 다시 돌아오세요!

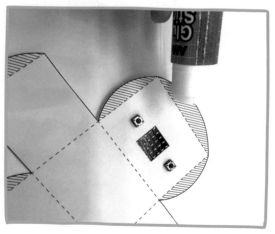 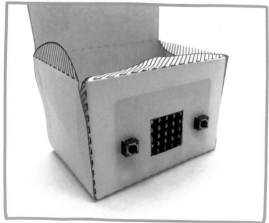

5. 소프트웨어 코딩을 모두 마쳤다면 코드를 업로드한 다음 마이크로비트와 배터리를 연결해 주세요. 그러면 마이크로비트가 컴퓨터와 분리되어도 전원이 들어옵니다.

 배터리 홀더에 건전지를 넣고, 그림과 같이 마이크로비트 뒷면 상단에 있는 배터리 커넥터에 꽂아 주세요.

6. 그다음에는 마이크로비트를 몸체에 알맞게 넣어 주세요. 배터리도 선이 방해되지 않도록 잘 넣어 보세요. (이때 양면 테이프로 마이크로비트와 배터리를 고정시키면 흔들려도 망가지지 않아요.)

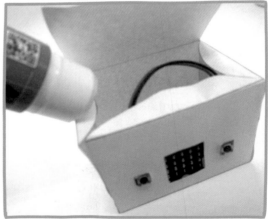

7. 이제 풀을 이용해서 뚜껑을 닫아 주면 완성입니다!

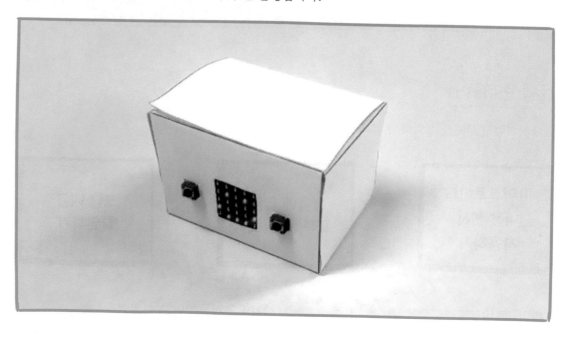

코딩 준비하기

앞에서처럼 순서도를 생각하여 그려 볼까요?

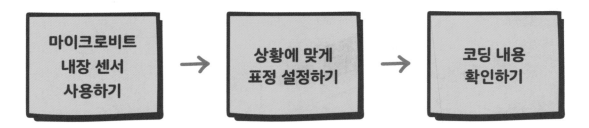

1. 마이크로비트에 내장되어 있는 센서들을 이용해서 상황의 조건을 부여할 수 있겠죠?

2. 센서들을 이용해 상황의 변화를 감지했다면 그에 맞는 감정을 표현해야 해요.

3. 마이펫이 코딩한 대로 표정을 짓는지 확인해 볼까요?

자, 그럼 코딩을 시작해 볼까요? 마이펫의 흔들림을 마이크로비트에 내장된 가속도 센서가 감지하여 흔들림의 종류(조건)에 따라 출력되는 표정을 다르게 나타내 볼 거예요.

코딩 따라 하기

1. 행복한 표정을 짓는 마이펫을 만들어 보도록 하겠습니다. 우선, 마이크로비트 블록 코딩 에디터를 실행하고, '기본' 카테고리에서 **아이콘 출력** 블록을 드래그하여 **시작하면** 부분에 끼워줍니다. 아이콘 모양은 '행복함' 아이콘으로 설정해 보겠습니다.

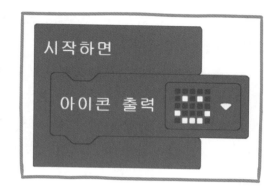

2. '기본' 카테고리에서 **일시 중지 '100' (ms)** 블록을 드래그하여 **아이콘 출력** 블록 다음에 연결하고 '100'은 '3000'으로 고칩니다. (행복한 표정이 3초 동안 유지되도록 설정한 것이랍니다.)

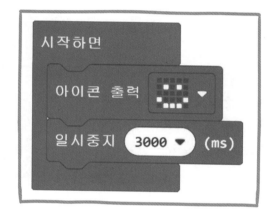

3. '기본' 카테고리에서 **LED 스크린 지우기** 블록을 **일시 중지** 블록 아래에 연결합니다. 여기서 **LED 스크린 지우기** 블록은 마이크로비트의 LED 디스플레이의 화면을 모두 종료합니다.

4. 이어서 마이펫이 흔들릴 때 '화남' 표정을 짓도록 해 보겠습니다. '입력' 카테고리에서 **'흔들림' 감지될 때** 블록을 가져옵니다. 이 블록은 마이크로비트에 내장되어 있는 가속도 센서를 이용하여 다양한 동작을 감지할 수 있어요. 그리고 '기본' 카테고리에서 **아이콘 출력** 블록을 드래그해서 **'흔들림' 감지될 때** 아래에 넣어 주세요. 표정은 흔들려서 어지러우니 '화남'으로 설정해 주세요.

5. 이번에는 '입력' 카테고리에서 **'흔들림' 감지될 때** 블록을 가져와 '흔들림'을 클릭해서 '스크린 하늘 방향'으로 바꿉니다. 여기서 스크린이 하늘 방향이라는 것은 마이크로비트의 LED 디스플레이가 하늘을 향하고 있다는 거예요. 마이펫이 뒤로 누웠다는 것은 잠을 자기 위함이겠죠? '기본' 카테고리에서 **아이콘 출력** 블록을 꺼내 '잠듦'으로 변경해 주세요.

6. 마찬가지로 **'흔들림' 감지될 때** 블록을 가져와 '흔들림'을 클릭해서 '스크린 땅 방향'으로 바꿔 주세요. 그럼 마이크로비트가 인사하는 상황을 연출할 수 있어요. 인사는 웃는 얼굴로 해야겠죠? **아이콘 출력** 블록에서 '행복함' 아이콘을 선택해 주세요.

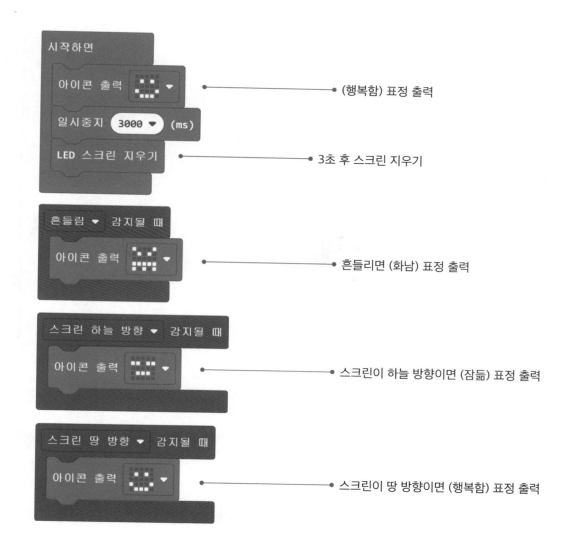

시작하면
아이콘 출력 ▼ ●━━━━━━ (행복함) 표정 출력
일시중지 3000 ▼ (ms)
LED 스크린 지우기 ━━━━━ 3초 후 스크린 지우기

흔들림 ▼ 감지될 때
아이콘 출력 ▼ ●━━━━━━ 흔들리면 (화남) 표정 출력

스크린 하늘 방향 ▼ 감지될 때
아이콘 출력 ▼ ●━━━━━━ 스크린이 하늘 방향이면 (잠듦) 표정 출력

스크린 땅 방향 ▼ 감지될 때
아이콘 출력 ▼ ●━━━━━━ 스크린이 땅 방향이면 (행복함) 표정 출력

마이펫은 전원이 켜지면 행복한 표정을 짓다가 흔들림이 감지되면 화가 난듯이 화난 표정을 짓기도 하고, 하늘 방향으로 스크린 방향이 바뀌면 마치 잠에 든 표정을 짓습니다. 그리고 스크린 방향이 아래쪽을 향하면 인사를 하는 듯이 행복한 표정을 짓습니다. 정말 마이펫 같죠?

여기서는 마이크로비트를 이용해서 마이펫을 만들어 보았습니다. 마이크로비트에 직접 업로드한 후 마이펫을 흔들거나 뒤집어 보세요. 마이펫의 표정이 바뀌나요?

주의사항

마이크로비트가 잘 동작하나요? 만약 잘 동작하지 않는다면 다음과 같은 사항을 확인해 보세요.

1. 배터리 전원 연결 잭이 제대로 연결되었는지 확인해 보세요.
2. 마이펫을 너무 세게 흔들면 고장이 날 수 있어요. 조심해서 살살 흔들어 주세요.

레벨 업

프로젝트를 잘 완성했다면 다음 문제를 풀어 보세요.

1. 상황에 맞는 서로 다른 표정을 여러 번 깜빡이게 해 보세요.
2. 여러분의 창의력을 발휘해서 더 귀여운 펫 모형을 만들고, 다양한 표정을 추가해 보세요.

프로젝트 08

손목시계 만들기

수준

- ● 학습 목표

  마이크로비트의 프로그램 로직을 이해하고, 수학적 계산법과 함수를 사용해 시계를
  만들어 보자.

- ● 핵심 키워드

  마이크로비트, 시계 함수, 파워 모듈

- ● 준비물

  마이크로비트 1대, 마이크로비트 손목시계 케이스 1개, 마이크로비트 파워 모듈

- ● 학습 시간

  하드웨어 설정하기: 10분   소프트웨어 코딩하기: 40분

- ● 동영상 QR 코드

소프트웨어 따라 하기
http://m.site.naver.com/
0qIcQ

이번 프로젝트에서는 마이크로비트를 이용해서 시계를 만들어 볼 것입니다. 마이크로비트 시계를 만들어 보면서 시간을 표현하는 함수를 다루고, 그 과정에서 논리적인 계산법을 배울 수 있습니다. 그리고 여러 함수를 복합적으로 사용하는 방법을 배워 각각의 함수에 저장되는 데이터를 이해할 수 있습니다.

함수

시작하기 전에 '함수'란 무엇인지 알아보겠습니다. **함수**는 하나의 작은 프로그램 단위라고 볼 수 있습니다. 특정 연산을 위한 명령들을 별도로 마련하여 필요할 때마다 사용하는 것으로, 함수의 이름을 부를 때마다 해당 함수가 실행됩니다. 예를 들어, 19×19 같은 연산이 필요할 때 '제곱'이라는 이름의 함수를 만들고, 19라는 값을 넣어 주면 자동으로 결괏값을 만들어 주는 것입니다. 이렇게 하면 일일이 명령을 적을 필요 없이 함수를 이용하여 간단하게 연산할 수 있습니다.

하드웨어 따라 하기

이번 프로젝트에서는 마이크로비트의 전원을 연결해 줄 파워 모듈을 사용해 보겠습니다. 시계를 만드는 프로젝트인 만큼 마이크로비트가 좀 더 가볍게 사용되어야 합니다. 따라서 배터리를 최대한 작게 사용하기 위해 파워 모듈을 사용할 것입니다. 그럼, 파워 모듈과 마이크로비트를 연결해 볼까요?

1. 마이크로비트와 파워 모듈을 연결합니다. 마이크로비트의 단자 부분과 파워 모듈의 결합 부분을 볼트를 이용해 결합해 주세요.

 나사는 파워 모듈에 포함되어 있습니다.

2. 동봉된 시곗줄의 아크릴 부분과 줄을 다음과 같이 연결해 주세요. 우선, 세 개의 동그란 구멍이 있는 쪽에 시곗줄의 긴 끈을 넣어줍니다.

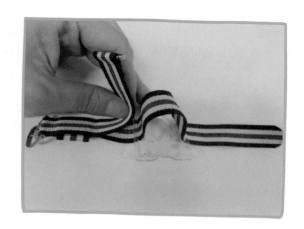

3. 고리를 반대편 금속 구멍에 통과시켜 넣어 주세요.

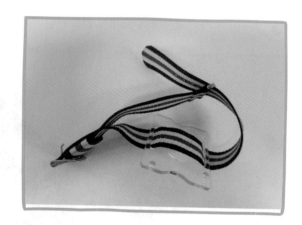

4. 줄 길이를 조절하여 예쁘게 펴 줍니다.

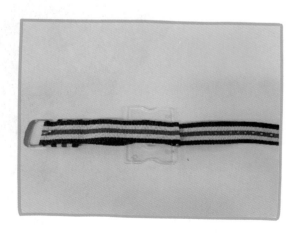

5. 마이크로비트를 연결시킨 파워 모듈에
시곗줄의 아크릴을 붙여 나사를 조여서 결합
해 주세요.

6. 자, 이제 마이크로비트 시계의 하드웨어 부분은 모두 완성되었습니다.

소프트웨어 따라 하기

코딩 준비하기

앞에서처럼 순서도를 생각하여 그려 볼까요?

1. 마이크로비트 손목시계의 움직임을 추적하기 위한 변수를 코딩합니다.

2. 지정한 변수를 사용해 버튼에 따라 동작하는 블록을 설정합니다.

3. 마이크로비트에 내장되어 있는 버튼과 센서를 이용해 마이크로비트 손목시계를 제어합니다.

자, 이제 위와 같은 순서도에 따라 블록을 코딩하여 시계를 흔들 때마다 시간을 표시하는 손목시계를 만들어 볼까요?

코딩 따라 하기

1. 마이크로비트 블록 코딩 에디터를 실행하고, 설정한 시간 값을 마이크로비트의 LED에 나타내기 위해 변수를 설정하겠습니다. 먼저, '기본' 카테고리에서 **시작하면** 블록을 가져옵니다.

2. '변수' 카테고리에서 '변수 만들기'를 선택해 다음과 같이 5개의 변수를 만들어 주세요.

ampm 변수: 시계에서 오전(am)인지 오후(pm)인지 확인하기 위해 사용합니다.

time 변수: 실제로 저장된 시간 값을 텍스트로 저장하기 위해 사용합니다. time 변수에 저장된 값이 마이크로비트의 LED에 표시됩니다.

adjust 변수: '현재 시간'을 저장할 변수입니다.

minutes 변수: '분' 단위 값을 저장하는 변수입니다. 버튼을 이용해 분 단위를 설정하면 minutes 변수에 설정한 값이 저장됩니다.

hours 변수: '시' 단위 값을 저장하는 변수입니다. 버튼을 이용해 시간 단위를 설정해 주면 hours 변수에 설정한 값이 저장됩니다.

3. 이제 **'변수'에 '0' 저장** 블록 5개를 **시작하면** 블록에 추가하고, 'item'을 **2**번에서 설명한 각각의 변수로 변경해 주세요.

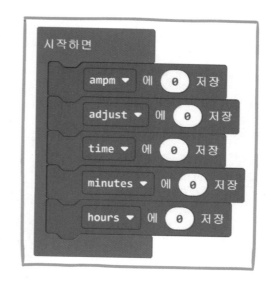

4. 그다음은 **'변수'에 '0' 저장** 블록의 '0' 부분을 변경해 보겠습니다. 우선, ampm 변수의 '0' 부분을 '참/거짓' 논리로 변경해 주세요. '참/거짓' 블록은 '논리' 카테고리에서 찾을 수 있습니다.

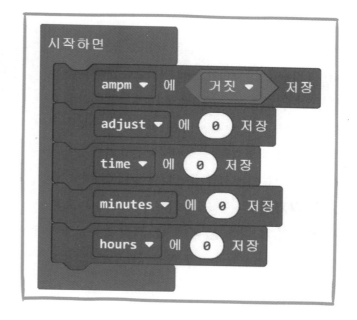

5. time 변수의 '0' 부분은 계산된 시간이 출력될 수 있도록 '문자열' 카테고리에서 " " 블록을 가져와 추가해 주세요. '문자열' 카테고리는 마이크로비트 코딩 에디터의 '고급' 탭을 클릭하면 찾을 수 있어요.

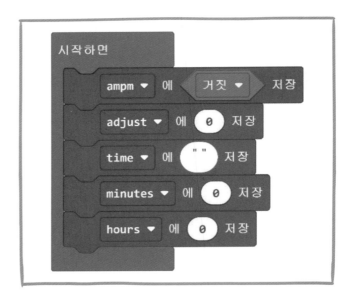

6. 자, 여기까지 블록 코딩을 완성했다면, 마이크로비트 LED 디스플레이를 통해서 시간을 출력하는 방법을 알아보도록 하겠습니다. 우선, 정확한 시간을 알 수는 없지만 시간이 00:00 같은 형식으로 출력되는지 확인할 필요가 있겠죠? 손목시계를 흔들면 시간이 출력되도록 만들어 보겠습니다. '입력' 카테고리에서 **'흔들림' 감지될 때** 블록을 추가해 주세요. 그리고 나서 '변수' 카테고리의 **'변수'에 '0' 저장** 블록을 찾아 추가한 후 'item'을 'time'으로 바꿔 주세요.

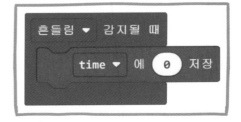

7. 시간을 출력하기 위해서 '문자열' 카테고리에서 **연결 "Hello" " World"** 블록을 사용할 거예요. **'time'에 'O' 저장** 블록에 **연결 "Hello" " World"** 블록을 추가해 주세요. 그리고 **+** 버튼을 눌러 문자열 세 개를 연결해 주세요. 그다음에 hours 변수와 minutes 변수를 그림처럼 추가해 주세요. 또한, hours와 minutes 변수 사이에는 콜론(:)을 추가하여 우리가 일반적으로 보는 시계 형태로 만들어 주세요.

8. 그리고 시간 변수에 저장된 값을 출력하기 위해 '기본' 카테고리의 **문자열 출력 "Hello!"** 블록을 추가하고, time 변수 블록을 추가해 주세요. 그리고 먼저 실제로 마이크로비트에 다운로드해서 테스트를 해 볼까요? 마이크로비트에 다운로드하는 방법은 많이 해봐서 모두 잘 알고 있죠? 이 블록 코딩은 시계가 잘 작동하는지 보기 위해 테스트하는 용도이므로 나중에는 코딩 내용을 수정할 거예요.

9. 자, 이제 A 버튼을 시간(hours)을 설정하는 역할로 만들어 보겠습니다. '입력' 카테고리에서 **'A' 버튼 눌릴 때** 블록을 추가해 주세요. 그리고 '논리' 카테고리에서 **만약 '참'이면 아니면** 블록을 추가해 주세요.

10. 그리고 '참(true)' 부분에 '논리' 카테고리에서 **'0' '<' '0'** 블록을 가져와 추가하고, '0' 부분에 순서대로 'hours' 변수와 '23'을 넣어줍니다. 이것은 A 버튼을 클릭할 때마다 숫자가 1씩 올라가고, 23을 초과하면 다시 0으로 돌아오도록 설정하는 것입니다. 그리고 **'hours' 값 '1' 증가** 블록과 **'hours'에 '0' 저장** 블록을 아래에 추가해 줍니다.

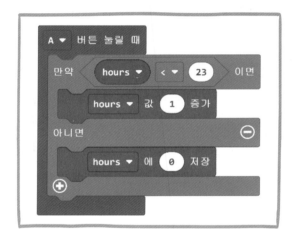

11. 이번에는 B 버튼을 분(minutes)을 설정하는 역할로 만들어 보겠습니다. 방법은 앞에서 시간 설정 블록을 만든 것과 거의 똑같습니다. **'A' 버튼 눌릴 때** 블록과 **만약 '참'이면 아니면** 블록을 추가하고, 'A'를 'B'로 고쳐 주세요.

12. 이어서 **'O' '<' 'O'** 블록을 추가하고 'minutes' 변수와 '59'로 고쳐줍니다. 시간 블록처럼 B 버튼을 클릭할 때마다 숫자가 1씩 올라가고 60을 초과하면 다시 0으로 돌아오는 것으로 설정하는 것입니다. 계속해서 **'minutes' 값 '1' 증가** 블록과 **'minutes'에 'O' 저장** 블록을 추가해 줍니다.

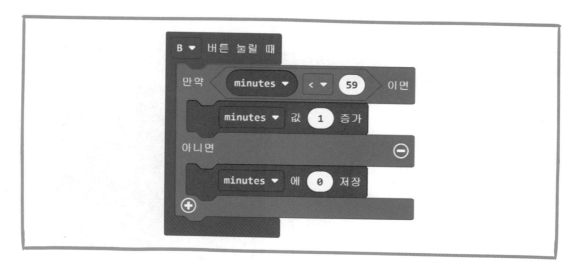

13. 이제 '시간'과 '분'을 설정할 수 있는 블록을 만들었으니 시계가 실제로 동작하도록 '타이머'를 만들어야겠죠? 마이크로비트 시계는 시간을 출력하는 기능과 시간을 설정하는 기능이 있고, 1초마다 시간이 흘러가는 것을 내부적으로 기록하는 타이머 기능이 있습니다. 그러면 어느 순간부터 시간이 얼마나 흘렀는지 확인할 방법이 필요합니다. 지금부터 시계의 타이머 역할을 할 블록 코딩을 해보겠습니다. 우선, '기본' 카테고리에서 **무한반복** 블록과 **일시 중지 '100' (ms)** 블록을 가져와 추가합니다. 그리고 **일시 중지 '100' (ms)** 블록의 '100'을 '60000'으로 설정해 주세요.

 즉, 이 블록은 60초마다 한 번씩 그 아래에 코딩된 내용을 실행합니다.

14. 그리고 60초마다 minutes 변수를 1씩 늘려서 실제 시계처럼 시간이 가는 기능을 코딩해 보겠습니다. **일시 중지 '60000' (ms)** 블록 아래에 **만약 '참'이면 아니면** 블록을 추가하고, '참(true)' 부분을 **'0' '<' '0'** 블록으로 변경해 주세요. 그리고 '0'을 각각 'minutes' 변수와 '59'로 고쳐 주세요.

 이 블록은 60초마다 한 번씩 minutes 값에 1을 추가해 실제 시간이 가는 것처럼 카운트해 줍니다.

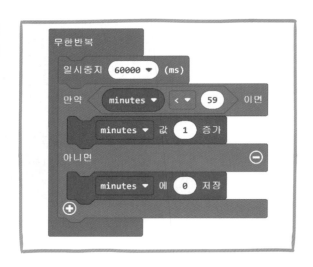

15. 그리고 60분이 지날 때마다 시간 (hours)도 1씩 늘려야 합니다. 그러려면 **만약 '참'이면 아니면** 블록을 하나 더 추가합니다. 지금까지와 같은 방식으로, '참 (true)'을 **'0' '<' '0'** 블록으로 바꾸고 '0'을 'hours' 변수와 '23'으로 고쳐 줍니다. 또한, **'hours' 값 '1' 증가** 블록과 **'hours'에 '0' 저장** 블록을 추가해 줍니다.

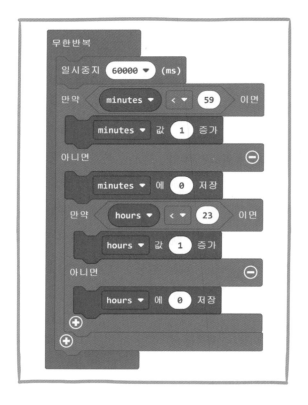

16. 자, 지금까지 시간을 설정하고 시간이 흐르는 블록을 표현해 보았습니다. 이 시간을 실제로 볼 수 있도록 표시하는 코딩을 해 보겠습니다. 우선, **8**에서 만든 블록을 **'흔들림' 감지될 때** 블록만 빼고 모두 삭제해 주세요. 그 후에 '변수' 카테고리에서 **'adjust'에 '0' 저장** 블록을 추가하고, 이번에는 '0' 부분에 'hours' 변수를 추가해 주세요. 이후 **'time'에 '0' 저장** 블록을 4개 더 추가하고 '문자열' 카테고리에서 **연결 "Hello" "World"** 블록을 추가해 주세요.

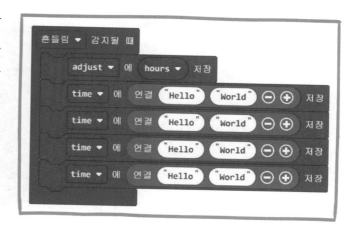

17. 첫 번째 **'time'에 '연결 "Hello" "World"' 저장** 블록의 두 번째 문자열 변수 부분을 'adjust'로 바꾸어 주세요. 이 블록이 현재 시간을 나타내는 역할을 할 겁니다.

18. 두 번째 '**time**'에 '**연결 "Hello" "World"**' **저장** 블록의 첫 번째 변수를 'time'으로 바꾸고, 두 번째 변수에는 문자열 콜론(:)을 추가해 주세요. 첫 번째 time 변수가 현재 시간을 나타내는 역할을 합니다.

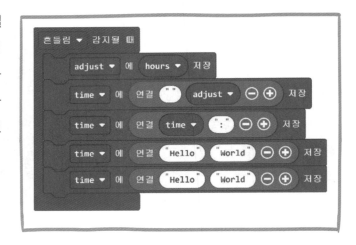

19. 세 번째 '**time**'에 '**연결 "Hello" "World"**' **저장** 블록에서 첫 번째 문자열 연결 변수를 'time' 변수로 바꾸고, 두 번째 변수에는 '계산' 카테고리의 '**0**' '**/**' '**0**' 블록을 추가합니다. 그리고 '0' 부분에 순서대로 minutes 변수와 '10'을 넣어 주세요. 이 블록은 현재 시간의 분을 나타내는 숫자 중에서 10의 자리를 나타내는 역할을 합니다.

20. 네 번째 '**time**'에 '**연결 "Hello" "World"' 저장** 블록의 첫 번째 문자열 연결 변수를
'time' 변수로 바꾸고, 두 번째 변수에는 '계산' 카테고리의 '더 보기'에서 **remainder of '0' / '1'**
블록을 추가합니다. 그리고 '0' 부분을 'minutes' 변수로 변경하고, '1' 부분을 '10'으로 바꿔 줍니다.
이 블록은 현재 시간의 분을 나타내는 숫자 중에서 1의 자리를 나타내는 역할을 합니다.

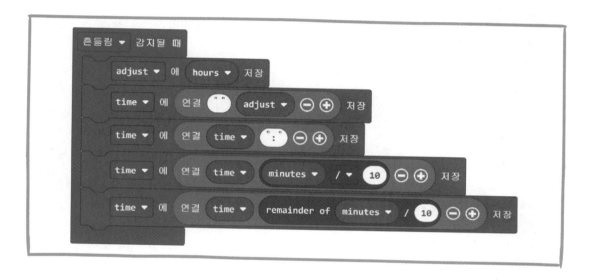

21. 자, 이제 마지막으로 '기본' 카테고리에서 **문자열 출력 "Hello!"** 블록을 가장 밑에 추가
하고 'Hello!' 대신 'time' 변수를 추가해 주세요.

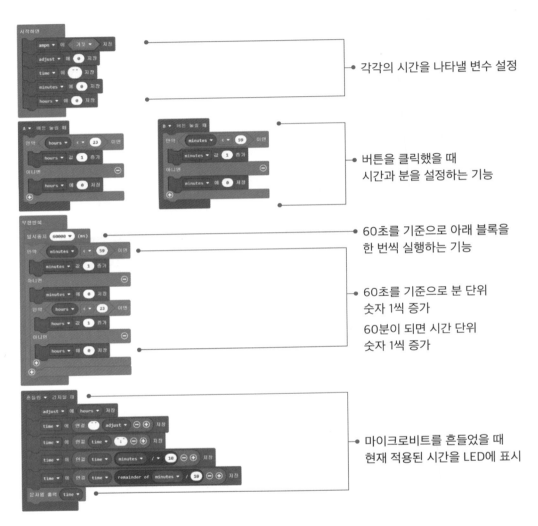

각각의 시간을 나타낼 변수 설정

버튼을 클릭했을 때
시간과 분을 설정하는 기능

60초를 기준으로 아래 블록을
한 번씩 실행하는 기능

60초를 기준으로 분 단위
숫자 1씩 증가

60분이 되면 시간 단위
숫자 1씩 증가

마이크로비트를 흔들었을 때
현재 적용된 시간을 LED에 표시

이 블록 코드는 마이크로비트의 A 버튼을 눌렀을 때 '시간'이 0 ~ 23까지 올라가고 24 이후부터는 다시 0으로 표시합니다. 그리고 B 버튼을 눌렀을 때는 '분'이 0 ~ 59까지 올라가고 59 이후에는 0으로 표시합니다. A와 B 버튼으로 시간을 맞춘 후에는 60초마다 한 번씩 **무한반복** 블록이 실행되며, 버튼으로 설정한 시간이 1분에 한 번씩 작동하여 정말로 시간이 가는 것처럼 카운트해 줍니다. 이제 마이크로비트를 흔들면 우리가 설정한 시간을 볼 수 있습니다.

마무리

이번에는 마이크로비트를 이용해서 시계를 만들어 보았습니다. 아래의 오른쪽 그림처럼 동전 모양의 건전지(CR2032)를 모듈에 장착하면 휴대해서 사용할 수 있는 시계가 됩니다.

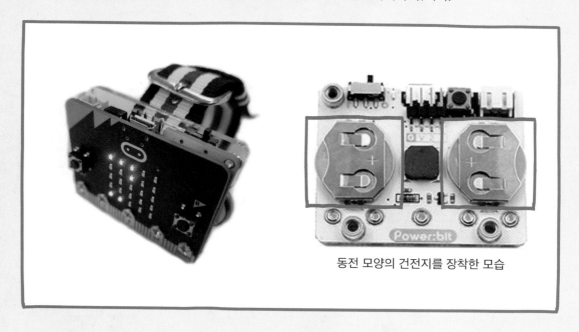

동전 모양의 건전지를 장착한 모습

주의사항

마이크로비트가 잘 동작하나요? 만약 잘 동작하지 않는다면 다음과 같은 사항을 확인해 보세요.

1. 시간을 정해 주는 변수와 함수가 제대로 지정되어 있는지 확인해 주세요.
2. '움직임 감지하면' 블록 안의 시간 계산 값을 주의해서 넣어 주세요.

레벨 업

프로젝트를 잘 완성했다면 다음 문제를 풀어 보세요.

1. 버튼을 눌렀을 때 1이 증가하는 함수를 이용해서 초 시계를 만들어 보세요.
2. 흔들었을 때만 시계가 나오는 것이 아니라 항상 시간이 표시되는 시계를 만들어 보세요.

프로젝트 09

선풍기
만들기

수준

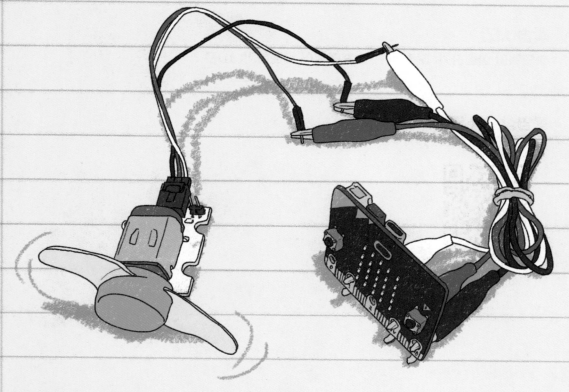

● 학습 목표

마이크로비트와 마이크로비트에 내장되어 있는 온도 센서, 그리고 DC 모터를 사용해
온도가 올라가면 선풍기(프로펠러)가 돌아가는 프로젝트를 만들어 보자.

● 핵심 키워드

마이크로비트, 온도 센서, DC 모터

● 준비물

마이크로비트 1대, DC 모터, 프로펠러, 다른 색의 악어 클립 3개, M-F 점퍼선 3개,
전용 배터리

● 학습 시간

하드웨어 설정하기: 5분   소프트웨어 코딩하기: 10분

● 동영상 QR 코드

소프트웨어 따라 하기
http://m.site.naver.com/
0qlcT

이번 프로젝트에서는 마이크로비트를 이용하여 온도를 측정할 수 있는 선풍기를 만들어 볼 거예요. 온도 센서를 사용하여 마이크로비트의 디스플레이에 현재 온도를 표시하고, 일정 온도 이상이 되면 DC 모터를 구동시켜 선풍기를 작동해 보겠습니다.

모터란?

모터는 '같은 극은 밀어내고 다른 극은 잡아당기는' 자석의 원리로 작동합니다. 모터 중앙에는 회전은 가능하지만 움직이지 않게 고정되어 있는 자석이 있고, 양쪽에는 N극과 S극을 주기적으로 바꿀 수 있는 자석이 있습니다. N극과 S극을 주기적으로 바꿀 수 있는 자석이 무엇일까요? 바로 '전자석'입니다. 전자석을 사용하여 중앙에 있는 자석을 회전시켜 모터를 구동합니다. 모터는 우리 주변 곳곳에 사용되고 있어요. 자동차의 바퀴, 선풍기의 회전 날개, 청소기, 헤어 드라이기 등 우리가 사용하는 많은 제품에 들어가 있답니다.

하드웨어 따라 하기

우선, 마이크로비트와 DC 모터 연결을 어떻게 하는지 알아볼까요?

1. 먼저, 마이크로비트의 3V와 GND, P1번에 각각 **빨간색, 검정색, 흰색**의 악어 클립을 연결해 주세요. 악어 클립의 색을 다르게 연결해도 되지만, 뒤의 설명에서 헷갈릴 수 있으니 주의하세요.

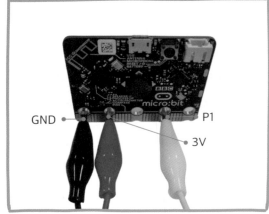

2. DC 모터에 프로펠러를 연결하고, DC 모터의 S(신호선), V(전원선), G(전원선)에 각각 흰색, 빨간색, 검정색 M-F 점퍼선을 연결해 주세요.

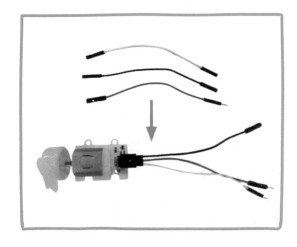

3. 마이크로비트 3V에 DC 모터 V(전원선), 마이크로비트 GND에 DC 모터 G(전원선), 마이크로비트 P1번에 DC 모터 S(신호선)를 연결해 주세요.

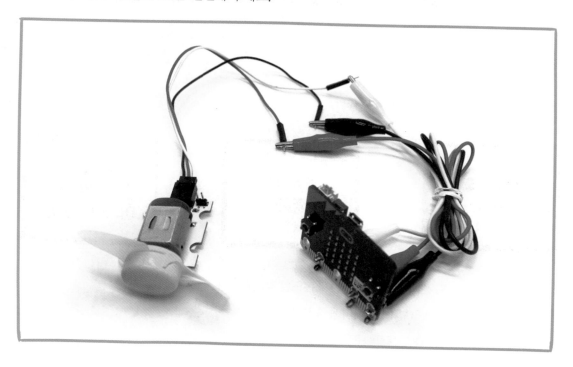

자, 하드웨어는 완성되었습니다. 소프트웨어 코딩을 배워 볼까요?

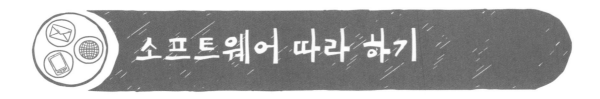

코딩 준비하기

앞에서처럼 순서도를 생각하여 그려 볼까요?

| 현재 온도 감지하기 | → | 온도 값 출력하기 | → | 일정 온도 이상일 때 DC 모터 구동 |

1. 마이크로비트의 온도 센서를 이용해서 현재 온도를 감지합니다.

2. 현재 온도를 감지해서 LED 디스플레이에 출력합니다.

3. 일정 온도 이상이 되면 DC 모터를 구동시켜 봅니다.

코딩 따라 하기

1. 마이크로비트 블록 코딩 에디터를 실행하고, 온도를 출력하기 위해 '기본' 카테고리에서 **수 출력 '0'** 블록을 가져옵니다. 그리고 '입력' 카테고리에서 **온도 (℃)** 블록을 가져와 '0' 자리에 넣어 주세요(마이크로비트에는 온도 센서가 내장되어 있습니다).

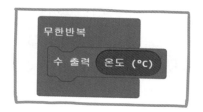

2. 온도 센서의 값을 읽어 일정 온도 이상이 되면 DC 모터를 구동할 수 있도록 '논리' 카테고리의 **만약 '참'이면 아니면** 블록을 가져옵니다.

3. '논리' 카테고리의 **'0' '<' '0'** 블록을 가져와 '참(true)' 부분에 넣어 주세요. 그리고 '입력' 카테고리에서 **온도 (℃)** 블록을 가져와 왼쪽 '0'에 넣고, 오른쪽 '0'에는 원하는 온도를 넣어 주세요. 만약 '27'을 넣으면 온도가 27℃ 이상일 때 DC 모터가 구동될 거예요. 이때 '<'는 '≥'으로 변경해 주세요.

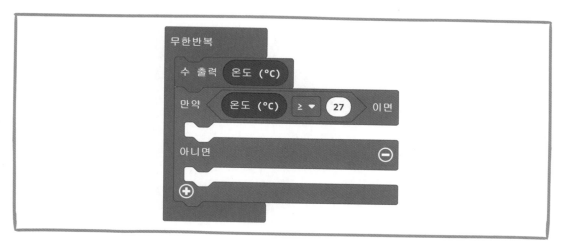

4. '고급' 탭을 눌러 '핀' 카테고리에서 **P0에 아날로그 값 '1023' 출력** 블록을 가져와 주세요. 마이크로비트에 DC 모터를 P1에 연결했으니 'P0'를 'P1'으로 변경해 주세요. 그리고 '1023' 부분은 DC 모터의 속도인데, 0~1023 사이의 값만 가능하고 클수록 빠르게 돌고 작을수록 느리게 돕니다. 여기에서는 너무 큰 값을 주면 전력 문제로 작동이 잘 안 될 수 있어서 DC 모터를 구동시켜야 하는 부분에는 '1023'을 '500'으로 바꿔 주고, DC 모터를 정지시키는 부분에는 '1023'을 '0'으로 바꿔 주세요. (만약 DC 모터 작동이 잘 안 되면 500보다 작은 값을 넣어 보세요.)

코드가 간단하죠?

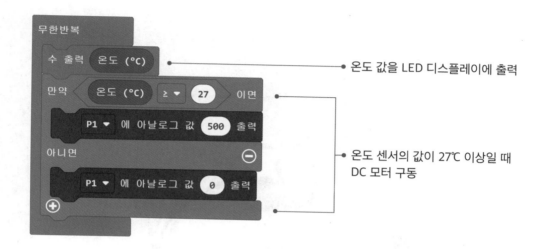

온도 값을 LED 디스플레이에 출력

온도 센서의 값이 27℃ 이상일 때
DC 모터 구동

이 코드는 온도 센서의 값을 읽어서 실시간으로 LED 디스플레이에 출력하고, 온도가 27℃ 이상일 때 'P1'으로 출력 값 '500'을 보내 DC 모터를 구동하고, 27℃ 이하면 'P1'으로 출력 값 '0'을 보내 DC 모터를 정지합니다.

자, 이렇게 하드웨어와 소프트웨어가 완성되었습니다. 온도가 높은 곳과 낮은 곳에서 우리가 만든 프로젝트를 테스트해 보세요. 더운 곳에 있을 때(27도 이상) 프로펠러가 돌아가나요?

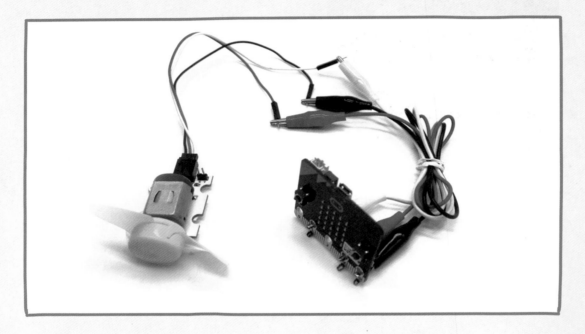

주의사항

마이크로비트가 잘 동작하나요? 잘 동작하지 않는다면 다음과 같은 사항을 확인해 보세요.

1. M-F 점퍼선과 악어 클립의 배선을 다시 한번 확인해 보세요.
2. 코드 블록이 올바른 순서대로 조립되었는지 확인해 보세요.

레벨 업

마이크로비트를 잘 이해했다면 다음 문제를 풀어 보세요.

1. 원하는 순간에만 온도를 출력할 수 있게 코딩해 보세요.
2. 마이크로비트의 버튼으로 DC 모터를 제어할 수 있게 코딩해 보세요.

프로젝트 10

마이크로비트로
그림 그리기

수준

◉ ◉ ◉ ○ ○

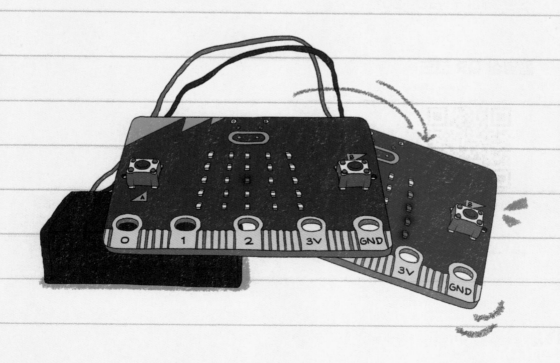

● **학습 목표**

마이크로비트의 게임 카테고리 함수를 살펴보고, A/B 버튼과 내장 자이로 센서를
이용해 LED로 그림을 그려 보자.

● **핵심 키워드**

마이크로비트, 게임 카테고리, 자이로 센서, 스프라이트

● **준비물**

마이크로비트 1대

● **학습 시간**

소프트웨어 코딩하기: 20분

● **동영상 QR 코드**

소프트웨어 따라 하기
http://m.site.naver.com/
0qlcV

이 프로젝트에서는 마이크로비트 LED 디스플레이에 원하는 그림을 그려 보겠습니다. 스프라이트라는 블록을 이용하여 마이크로비트의 움직임을 통해 LED를 한 칸 한 칸 켜는 식으로 LED 그림을 그리겠습니다. 자, 그럼 스프라이트가 무엇인지 먼저 알아볼까요?

스프라이트란?

'고급' 탭의 '게임' 카테고리에는 스프라이트(sprite)와 관련된 블록이 있습니다. 'sprite'는 요정을 의미한답니다. 스프라이트는 요정이 반짝이듯 LED가 반짝거리는 모습과 닮았네요! 여기서는 요정처럼 움직이는 스프라이트를 직접 제어하며 코딩에 대한 지식을 쌓아볼 겁니다. 스프라이트를 이용하여 LED를 반짝이게 하여 플레이어 자신을 표현할 수도 있습니다. 이러한 스프라이트의 특징을 이용하면 미로 찾기 게임이나 비행기 게임 등 다양한 도트게임을 만들 수 있습니다.

게임 카테고리

코딩 준비하기

앞에서처럼 순서도를 생각하여 그려 볼까요?

1. 마이크로비트의 움직임에 따라 LED 점이 이동하도록 코딩합니다.

2. 선택한 LED 점에서 버튼을 눌러 해당 위치의 LED를 켜도록 코딩합니다.

3. 위의 두 순서를 반복하여 원하는 그림을 그립니다.

이번 프로젝트에서는 별다른 하드웨어를 설정할 필요 없이 마이크로비트 한 대만 있으면 돼요. 다만, 소프트웨어 코딩이 조금 어려울 수 있으니 집중하고 잘 따라오세요.

코딩 따라 하기

1. 마이크로비트 블록 코딩 에디터를 실행하고, '변수' 카테고리에서 '변수 만들기'를 선택하고 '도구' 변수를 만들어 주세요 **'도구'에 '0' 저장** 블록을 드래그하여 **시작하면** 블록에 연결합니다.

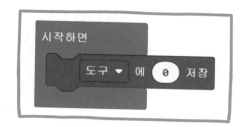

 '도구' 변수는 스프라이트를 생성하고 움직이게 하기 위해서 마이크로비트가 시작할 때 스프라이트의 위치를 저장하는 기능을 갖고 있습니다!

2. '게임' 카테고리에서 **LED 스프라이트 생성 x: '2' y: '2'** 블록을 가져와서 **'도구'에 '0' 저장** 블록의 '0' 부분에 넣어 주세요. 그러면 마이크로비트가 (2, 2) 좌표에 스프라이트 하나를 기억합니다.

 '게임' 카테고리란, 말 그대로 게임과 관련된 블록들의 모임이에요. 생성한 스프라이트를 조종하거나 게임을 제어할 수 있어요.

3. 이제 자이로 센서를 이용하여 스프라이트를 움직이겠습니다. '입력' 카테고리에 있는 **'흔들림' 감지될 때** 블록을 가져와 '흔들림'을 '왼쪽 기울임'으로 변경해 주세요. 마이크로비트를 왼쪽으로 기울이면 이 블록 아래에 있는 코드를 실행한다는 의미입니다.

4. '게임' 카테고리에서 **'sprite'**의 **'x좌표'**를 **'1'만큼 변경** 블록을 찾아서 **'왼쪽 기울임' 감지될 때** 블록 아래에 연결합니다. 그리고 'sprite'를 '도구' 변수로, '1'을 '-1'로 바꿔 주세요. 그럼 마

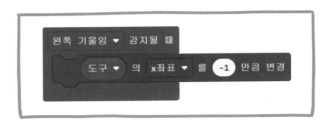

이크로비트를 왼쪽으로 기울일 때마다 '도구'의 x 좌표가 1씩 줄어들어 왼쪽으로 한 칸씩 이동할 거예요.

5. 같은 방법으로 오른쪽으로 기울일 때마다 오른쪽으로 한 칸씩 이동하는 코딩을 해 볼까요? 다음과 같이 **'오른쪽 기울임' 감지될 때** 블록을 채워 주세요.

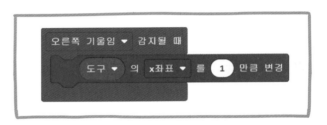

6. 계속해서 위/아래 움직임을 제어해 볼까요? '게임' 카테고리에서 **'흔들림' 감지될 때** 블록을 가져와서 '로고 위쪽'을 선택해 주세요. 로고를 땅 방향으로 기울인다는 것은 누워 있는 마이크로비

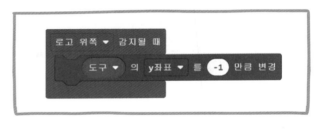

트를 기준으로 로고가 땅으로 가도록 기울인다는 뜻이에요. 즉, 앞쪽으로 기울이는 것이랍니다. 이때는 '도구'의 y 좌표를 -1만큼 변화시켜 위로 한 칸 이동하게 해 주세요.

7. 같은 방법으로 **'로고 아래쪽' 감지될 때** 블록을 채워 주세요.

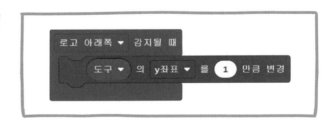

8. 이제는 지정한 위치에 그림을 그리는 함수를 작성할 차례예요. '입력' 카테고리에서 **'A' 버튼 눌릴 때** 블록을 가져와서 'A'를 'A+B'로 변경해 주세요.

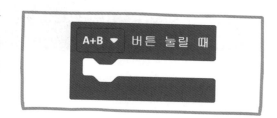

9. 그리고 '변수' 카테고리에서 '그림' 변수를 만들고 **'그림'에 '0' 저장** 블록을 가져옵니다.

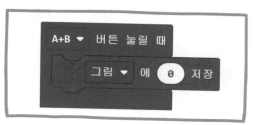

> **TIP** '도구' 변수는 마이크로비트가 시작할 때 스프라이트의 위치를 저장하는 기능을 갖고 있습니다. 이 변수를 통해 스프라이트를 생성하고 움직이게 할 수 있습니다.

10. 새로운 스프라이트를 생성하여 그림을 그리는 효과를 줄 거예요. '게임' 카테고리에서 **LED 스프라이트 생성 x: '2' y: '2'** 블록을 가져와 **9**번의 '0' 부분에 넣어 주세요. 그리고 **'sprite'의 'x좌표'** 블록을 가져와 **LED 스프라이트 생성 x: '2' y: '2'** 블록의 첫 번째 '2' 부분(x 좌표)에 넣어주세요. 그리고 'sprite'를 '도구'로 바꾸면 현재 도구의 x 좌표를 구할 수 있어요.

11. **10**번과 같은 방법으로 그림의 y 좌표를 구하는 블록을 채우면 모든 블록 코딩이 완성됩니다.

시작하면
도구 ▼ 에 LED 스프라이트 생성 x: 2 y: 2 저장 ●━━━ 처음 실행할 때 스프라이트 생성

왼쪽 기울임 ▼ 감지될 때
도구 ▼ 의 x좌표 ▼ 를 -1 만큼 변경

오른쪽 기울임 ▼ 감지될 때
도구 ▼ 의 x좌표 ▼ 를 1 만큼 변경

로고 위쪽 ▼ 감지될 때
도구 ▼ 의 y좌표 ▼ 를 -1 만큼 변경   ●━━━ 기울임 방향대로 '도구' 이동

로고 아래쪽 ▼ 감지될 때
도구 ▼ 의 y좌표 ▼ 를 1 만큼 변경

A+B ▼ 버튼 눌릴 때
그림 ▼ 에 LED 스프라이트 생성 x: 도구 ▼ 의 x좌표 ▼ y: 도구 ▼ 의 x좌표 ▼ 저장
●━━━ '도구'의 현재 위치에 '그림' 생성

이 블록 코드는 도구와 그림 변수를 이용하여 스프라이트(LED 점)를 만들고, 마이크로비트를 왼쪽으로 기울이면 왼쪽으로, 오른쪽으로 기울이면 오른쪽으로, 아래로 기울이면 아래쪽으로, 위쪽으로 기울이면 위쪽으로 스프라이트를 움직입니다. 이때 A와 B 버튼을 동시에 누르면 해당 스프라이트 자리에 LED가 계속 켜집니다. 이를 반복하여 원하는 그림을 그릴 수 있어요!

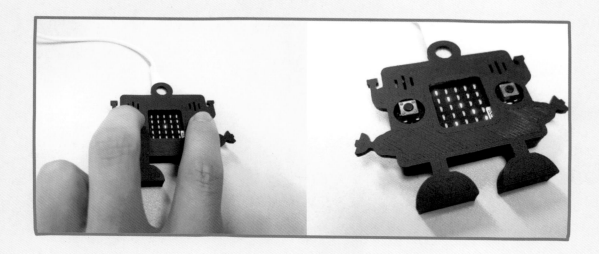

주의사항

마이크로비트가 잘 동작하나요? 만약 잘 동작하지 않는다면 다음과 같은 사항을 확인해 보세요.

1. USB 커넥터가 제대로 연결되었는지 확인해 보세요.
2. 기울임의 방향과 그림이 그려지는 (스프라이트가 생성되는) 방향이 맞는지 확인해 보세요.

레벨 업

프로젝트를 잘 완성했다면 다음 문제를 풀어 보세요.

1. 버튼 말고 다른 동작으로 그림을 그려 보세요. 예) '흔들림' 등
2. '도구'가 이동 중에 벽에 부딪혔다면 반대쪽 벽으로 이동하도록 해 보세요.

과일로 천연 터치
센서 만들기

수준

◉◉◉◉◉

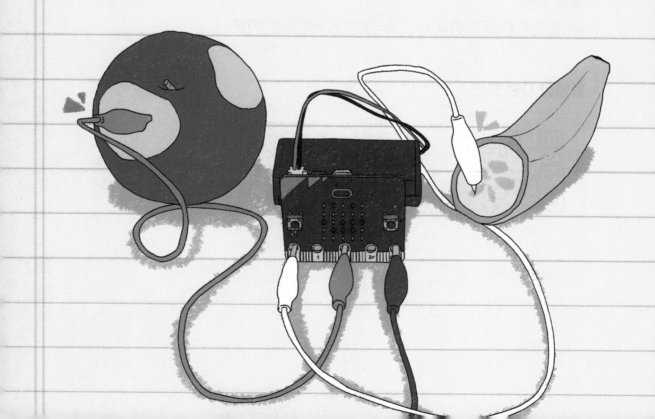

● **학습 목표**

과일을 도체로 사용하여 어떤 과일을 터치했을 때 터치한 과일이 어떤 과일인지
LED에 표시하는 프로그램을 만들어본다.

● **핵심 키워드**

마이크로비트, 센서, 과일, 도체, 부도체

● **준비물**

마이크로비트 1대, 사과 1개, 바나나 1개, 악어 클립 케이블 3개

● **학습 시간**

하드웨어 설정하기: 10분   소프트웨어 코딩하기: 10분

● **동영상 QR 코드**

소프트웨어 따라 하기
http://m.site.naver.com/
0qkdJ

이번 프로젝트에서는 마이크로비트와 과일을 이용해서 터치 센서를 만들어 볼 거예요. 집에서 먹던 과일이 도체가 될 수 있다는 걸 알고 있었나요? 우선, 도체가 무엇인지 알아볼까요?

도체란?

도체는 전기가 통하는 물질이에요. 철, 구리, 알루미늄, 금, 은과 같이 주로 금속으로 되어 있는데, 우리가 여기서 사용할 과일은 이온을 많이 함유한 도체라고 볼 수 있어요. 도체인지 아닌지 모를 때는 전기회로를 이용해 구별할 수 있어요. 전지, 전선, 전구, 스위치로 전기회로를 만들고 물체를 연결했을 때 전구에 불이 켜지면 이 물체를 도체라고 할 수 있어요. 해당 물질이 전기가 통하기 때문에 전구에 불이 켜지는 것이랍니다. 또한, 앞에서 말한 금속 물질들 외에도 소금물처럼 액체 상태의 도체도 있어요. 이러한 액체를 전기회로에 연결하면 발광 다이오드나 전구에 불이 켜져 전기가 통하는 것을 알 수 있어요.

그럼, 전기가 통하지 않는 물체도 있겠죠? 그런 물체들은 '부도체'라고 한답니다. 부도체에는 대표적으로 유리, 비닐, 나무, 플라스틱 등이 속해요. 우리 생활 속 전기 플러그의 손잡이 부분이 부도체로 만들어져 있어요. 감전을 방지하기 위해서죠.

여러 도체

자, 도체에 대해 알아보았으니 이제 마이크로비트와 과일을 이용해 과일 터치 센서를 만들어 볼까요?

1. 싱싱한 사과(과일)를 준비해 주세요. 시장에서 쉽게 구할 수 있는 과일 중 하나가 사과입니다. 꼭 사과가 아니더라도 귤, 바나나, 배 같은 과일도 이온이 풍부한 도체니까 대신 사용할 수 있어요.

2. 사과의 껍질을 두 군데로 조심스럽게 깎아 주세요. 과일의 껍질에는 이온이 많이 포함되어 있지 않아 전기 신호가 제대로 가지 않을 수 있는데요, 그 점을 방지하기 위해 껍질을 깎는 거랍니다. 한쪽에는 악어 클립을 꽂고, 반대쪽은 터치 용도로 사용할 거예요.

3. 다양한 과일을 사용할 수 있다는 걸 보여 주기 위해 바나나도 준비해 주세요.

4. 준비한 악어 클립을 과일에 꽂아 주세요. 그리고 악어 클립의 반대편을 마이크로비트의 P2에 연결해 주세요.

5. 바나나에도 악어 클립 한쪽을 꽂고 반대쪽은 마이크로비트의 P0에 연결합니다.

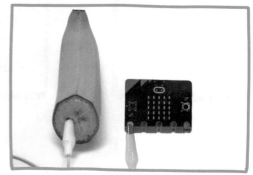

6. 자, 이제 접지선을 연결하겠습니다. 악어 클립을 마이크로비트의 GND 부분에 연결하고 반대편은 손으로 잡아 주면 됩니다.

 접지란, 모든 회로에 대해 전기적인 기준이 되는 전도체입니다. 인체 감전 방지와 디바이스 기기를 보호하기 위해서 접지를 사용해요.

하드웨어를 연결하는 방법을 모두 마쳤습니다. 이제 블록 코딩으로 생명을 불어넣겠습니다!

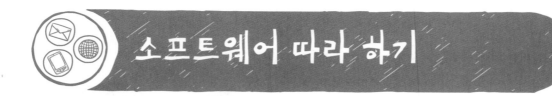

소프트웨어 따라 하기

코딩 준비하기

앞에서처럼 순서도를 생각하여 그려 볼까요?

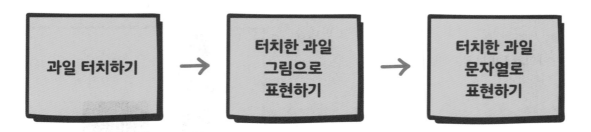

1. 사과와 귤을 터치한 것을 구분할 수 있도록 각각 다른 핀으로 설정합니다.

2. 어떤 과일이 터치되었는지 알 수 있도록 LED에 해당 과일 그림을 출력합니다

3. 어떤 과일이 터치되었는지 좀 더 분명하게 알기 위해 문자열도 출력해 봅니다.

자, 이제 위와 같은 코딩 순서에 따라 블록 코딩을 만들어 볼까요?

코딩 따라 하기

1. 마이크로비트 블록 코딩 에디터를 실행하고, '입력' 카테고리에서 **'P0' 핀 눌릴 때** 블록을 클릭하거나 드래그하여 팔레트에 추가합니다. 여기서 우리는 2개의 과일을 사용할 것이므로 이 블록이 두 개 필요해서 복사합니다.

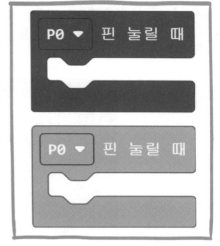

Input 블록

2. **'P0' 핀 눌릴 때** 블록은 디지털 핀이 클릭되면 그 블록 아래에 연결된 블록들을 실행하게 해 주는 블록입니다. 이러한 블록을 **Input 블록**이라고 합니다.

'핀 'P0' 연결(on)되면' 블록

3. 1번의 그림을 보면 블록 하나가 색이 이상합니다. 같은 핀 번호를 사용하고 있기 때문인데요. 자, 아래 그림처럼 'P0' 부분을 클릭하면 핀을 지정할 수 있는 목록이 나옵니다. 두 개의 Input 블록을 하나는 귤이 연결될 'P0'로, 또 다른 하나는 사과가 연결될 'P2'로 지정해 주세요.

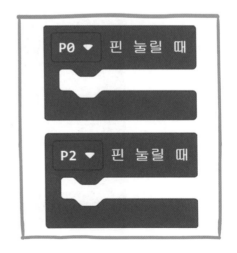

4. 귤이나 사과를 터치했을 때 어떤 과일이 터치되었는지 알 수 있도록 마이크로비트에 장착되어 있는 LED를 사용할 거예요. 사과나 귤이 터치되었을 때 해당 과일 모양의 LED로 표현해 보겠습니다. '기본' 카테고리에서 **LED 출력** 블록을 가져와 **'P0' 핀 눌릴 때** 블록에 끼워 주세요.

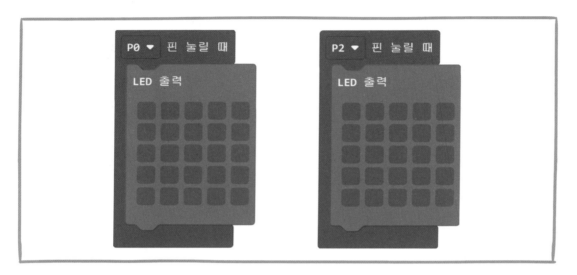

5. LED를 표현하기 위해 **LED 출력** 블록의 LED들을 클릭하여 모양을 만들어 주세요. P0에는 바나나가 연결되어 있으니 바나나 모양을 만들고, P2에는 사과가 연결되어 있으니 큰 사과 모양을 만들면 알아보기 쉽겠죠?

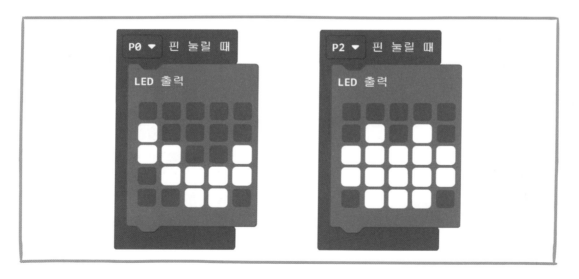

6. 그런데 LED 그림만으로는 바나나와 사과를 정확히 확인하기가 어렵죠? 그래서 LED에 글자를 표현해 보겠습니다. '기본' 카테고리에서 **문자열 출력** 블록을 드래그하여 각 블록 모음에 추가해 주세요. 그리고 다음 그림처럼 **'P0' 핀 눌릴 때** 블록으로 시작하는 블록 모음에는 "BANANA"라고 적고, **'P2' 핀 눌릴 때** 블록으로 시작하는 블록 모음에는 "APPLE"이라고 적어 줍니다.

 큰따옴표 사이를 클릭하면 텍스트를 수정할 수 있답니다.

7. 마이크로비트는 행동을 순차적으로 보여 주는 하드웨어입니다. 그러나 그 순서가 너무 빨라 우리 눈으로 보기가 어려울 때가 있습니다. 그래서 그림과 텍스트 사이에 잠깐 쉴 수 있는 시간을 만들어 보겠습니다. '기본' 카테고리에서 **일시 중지 '100' (ms)** 블록을 드래그해 **LED 출력** 블록과 **문자열 출력** 블록 사이에 끼워 주세요. 그리고 숫자를 '1000'으로 바꿀 거예요.

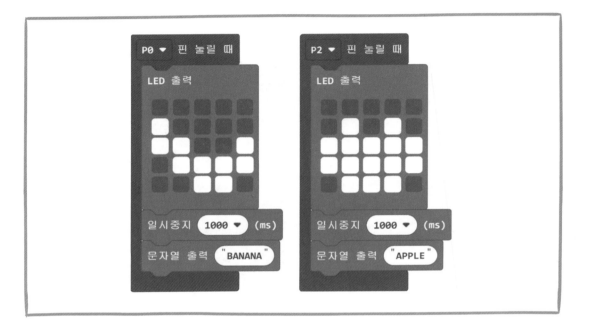

 일시 중지 '1000' (ms) 블록은 그림 LED를 표시하고 1초 뒤에 문자열 LED를 표시한다는 의미입니다.

자, 이렇게 2개의 블록을 모두 완성했어요.

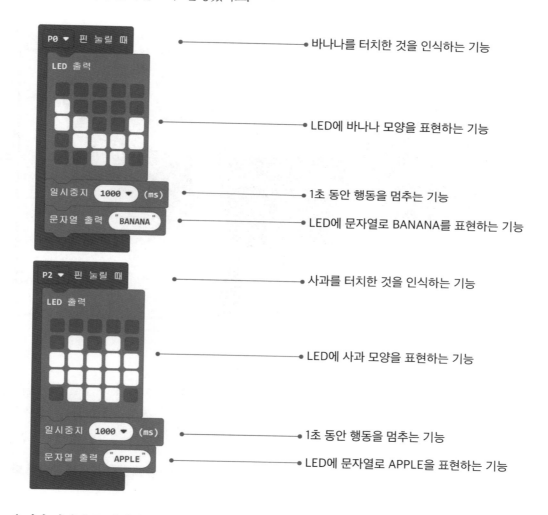

바나나를 터치한 것을 인식하는 기능

LED에 바나나 모양을 표현하는 기능

1초 동안 행동을 멈추는 기능

LED에 문자열로 BANANA를 표현하는 기능

사과를 터치한 것을 인식하는 기능

LED에 사과 모양을 표현하는 기능

1초 동안 행동을 멈추는 기능

LED에 문자열로 APPLE을 표현하는 기능

우리가 바나나를 터치하면 마이크로비트는 바나나를 만졌다는 것을 인식하고 LED에 바나나 모양을 출력하고 1초 기다렸다가 "BANANA" 문자열을 표현합니다. 그리고 사과를 터치하면 마이크로비트는 사과를 만졌다는 것을 인식하고 LED에 사과 모양을 출력하고 1초 기다렸다가 "APPLE" 문자열을 표현합니다.

이렇게 하드웨어와 소프트웨어가 모두 완성되었습니다. 이제 마이크로비트를 업로드하여 직접 동작해 볼까요?

주의사항

마이크로비트가 잘 동작하나요? 만약 잘 동작하지 않는다면 다음과 같은 사항을 확인해 보세요.

1. 악어 클립이 올바른 핀에 연결되었는지 확인해 보세요. 여기서는 바나나를 'P0'에, 사과를 'P2'에 연결했어요.
2. 코드 블록이 올바른 순서대로 조립되었는지 확인해 보세요.

레벨 업

프로젝트를 잘 완성했다면 다음 문제를 풀어 보세요.

1. 과일을 더 추가하여 다양한 글자를 출력해 보세요.
2. 과일을 터치하면 음악이 나오도록 피아노를 만들어 보세요!

프로젝트 **12**

비상 경고등
만들기

수준

○○○○○

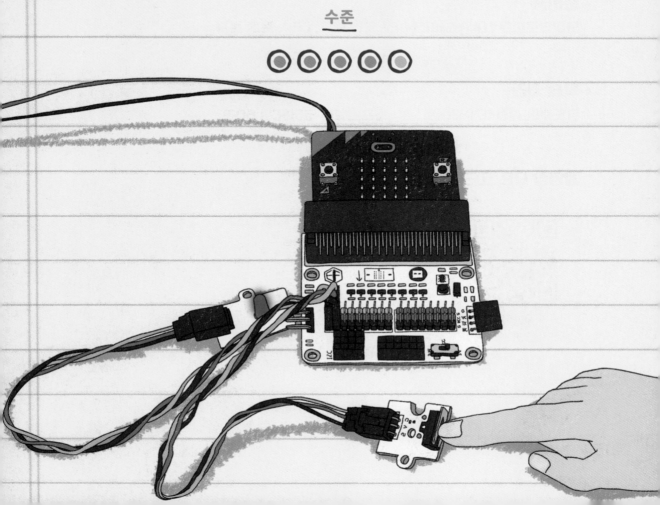

- ● 학습 목표

  충돌 센서의 사용 방법을 알아보고, LED를 제어하는 코딩을 해 보자.

- ● 핵심 키워드

  마이크로비트, 센서, LED, 충돌 센서, 비상 경고등

- ● 준비물

  마이크로비트 1대, 브레이크 아웃 확장 보드, LED, 충돌 센서

- ● 학습 시간

  하드웨어 설정하기: 20분   소프트웨어 코딩하기: 50분

- ● 동영상 QR 코드

소프트웨어 따라 하기
http://m.site.naver.com/
0qkdK

이번 프로젝트에서는 충돌 센서를 사용해서 한 번 누르면 LED가 켜지고 또 한 번 누르면 LED가 꺼지는 비상 경고등을 만들어 보겠습니다. 이번 프로젝트의 소프트웨어 부분에서는 그동안 사용하지 않은 블록들이 등장합니다. 그러니 모두 긴장하세요!

변수란?

변수란 값이 특정 지어지지 않아 임의의 값을 가질 수 있는 문자를 뜻합니다. 프로그램 언어에서 변수는 데이터를 저장하는 임시 공간입니다. 프로그램 언어에서 변수는 정수형과 실수형이 있습니다. **정수형**이란 0을 기준으로 +(플러스) 숫자의 모음인 양의 정수와 -(마이너스) 숫자의 모음인 음의 정수를 포함하는 수를 뜻하고, **실수형**이란 정수형에서 우리가 흔히 사용하지 않는 -(마이너스) 숫자와 소수점이 들어가는 수를 포함한 모든 숫자 모음을 말합니다. 이러한 숫자들을 장난감 상자 같은 '변수'에 넣어 두고 필요한 꺼내어 쓸 수 있습니다. 예를 들어, 'A = 1이다'라고 한다면 A는 변수이고 1이 정수인 것이죠. A라는 변수에 정수형이 들어갔으니 정수형 변수가 되는 것이죠! 'B = 3.14'라고 한다면 3.14는 실수형이니 B는 실수형 변수가 되겠죠? 이번 프로젝트에서는 충돌 센서가 인식될 때마다 변수가 변경되도록 설정해 볼 거예요.

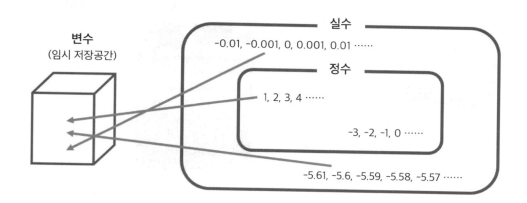

1. 우선 그림과 같이 마이크로비트를 브레이크 아웃 확장 보드에 꽂아 주세요. 브레이크 아웃 확장 보드는 마이크로비트의 확장 보드 중 하나에요. 서보 모터를 비롯한 3-핀 모듈들을 제어할 수 있어요.

브레이크
아웃
확장
보드

2. 먼저, 이 확장 보드에 LED를 연결해 볼까요? 아래 LED를 살펴보면 그동안 봤던 LED와는 다르게 생겼을 거예요. LED 모듈이 검정, 빨강, 노랑색의 전선 세 개와 이어져 있어요. 각 색깔은 GND(검정), Vcc(빨강), 신호선(노랑)으로 이루어져 있고, 이 전선을 그대로 확장 보드에 연결하면 끝이에요. 그림과 같이 같은 색끼리 연결하면 된답니다. '0'이라고 써진 줄에 연결해 주세요.

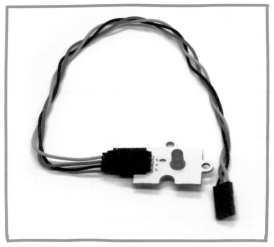

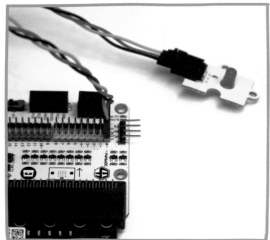

3. 다음은 충돌 센서를 연결하겠습니다. 이 센서는 확장 보드의 '1'이라고 써진 곳에 연결해 주세요. **2**번과 마찬가지로 같은 색끼리 연결하면 됩니다.

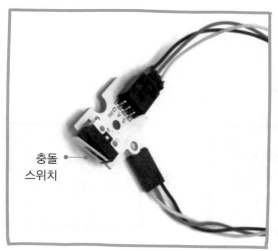

충돌
스위치

 충돌 센서의 충돌 스위치는 작은 힘으로 눌러도 그 안에 있는 버튼이 눌리는 소리를 들을 수 있어요. 이 센서를 로봇에 붙여서 로봇이 벽에 부딪히면 충돌을 감지할 수 있도록 해 줍니다. 그래서 이름이 '충돌 센서'랍니다.

충돌 센서까지 연결했다면 하드웨어 설정은 끝났습니다. 이제 소프트웨어로 넘어가 볼까요? 소프트웨어는 조금 어려울 수 있으니 천천히 따라오세요.

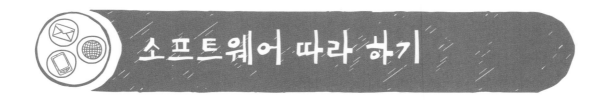

코딩 준비하기

앞에서처럼 순서도를 생각하여 그려 볼까요?

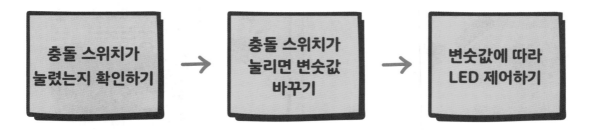

1. 마이크로비트와 연결된 충돌 스위치가 눌렸는지 확인하는 코드를 작성합니다.

2. 스위치가 눌렸다면 설정된 변숫값을 바꾸는 코드를 작성합니다.

3. 바뀐 변숫값에 따라 LED를 제어하는 코드를 작성합니다.

자, 이제 위와 같은 코딩 순서에 따라 블록 코딩을 만들어 볼까요?

코딩 따라 하기

1. 이번 프로젝트에서는 충돌 센서를 사용하기 위해 'tinker'라는 사용자 확장을 사용할 거예요. 우선, 마이크로 비트 블록 코딩 에디터를 실행하고, '확장' 탭을 눌러 주세요.

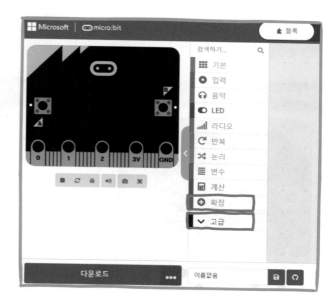

 TiP 확장이란, 마이크로비트에서 사용하는 라이브러리라고 볼 수 있습니다. 확장 프로그램을 설치하면 해당 확장 프로그램에서 사용하는 함수 블록 등을 바로 사용할 수 있어요!

2. 그럼 '확장 프로그램'이라고 쓰여 있는 창이 나타납니다. 그러면 검색 창에 'tinker'를 입력해 주세요.

3. 다음과 같이 검색 결과가 나오면 왼쪽에 첫 번째로 보이는 'tinkercademy-tinker-kit' 버튼을 눌러 확장 프로그램을 다운로드합니다.

4. tinker 패키지를 다운로드하면 Tinkercademy라는 카테고리가 하나 생긴답니다. 이 카테고리를 이용하면 LED, ADKeyboard, 모션 감지 센서, 충돌 센서, 토양 수분 센서를 이용할 수 있어요. 오늘은 그중에서 LED를 제어하는 블록과 충돌 센서를 제어하는 블록을 사용할 거예요.

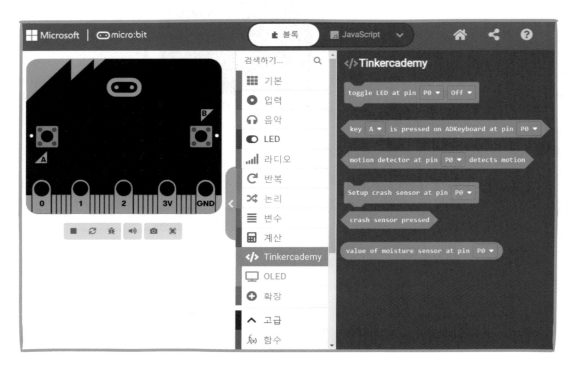

5. 우선 'Tinker' 카테고리에서 **Setup crash sensor at pin 'P0'** 블록(충돌 센서의 핀을 설정하는 함수)을 가져와서 **시작하면** 블록에 연결해 주세요. 그리고 'P0'을 'P1'로 바꿔 주세요. 이렇게 하면 하드웨어에서 연결한 충돌 센서가 P1에 연결되어 있다고 마이크로비트에 알려줄 수 있어요. 그래야 충돌 센서를 사용할 수 있답니다.

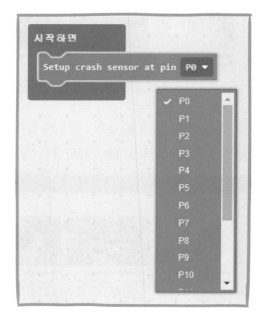

6. 다음은 '변수' 카테고리에서 '스위치' 변수를 만들고 **'스위치'에 'O' 저장** 블록을 가져옵니다. 그리고 '논리' 카테고리에서 **'참'** 블록을 가져와 'O' 대신 넣어 주세요.

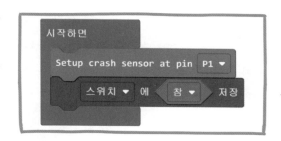

7. 다음은 '논리' 카테고리에서 **만약 '참'이면** 블록을 가져와 **무한 반복** 블록에 넣고, 그림과 같이 코드를 완성해 주세요. **아님** 블록은 '논리' 카테고리에 있답니다. 여기서 ***crash sensor pressed*** 블록은 '충돌했을 때'를 말합니다. 이 코드 묶음은 충돌 센서가 눌릴 때마다 스위치의 값을 바꾼다는 의미입니다. 스위치 값이 참일 때 충돌 센서가 눌린다면 스위치 값은 거짓으로 바뀌고, 스위치 값이 거짓일 때 충돌 센서가 눌린다면 스위치 값이 참으로 바뀌는 거랍니다.

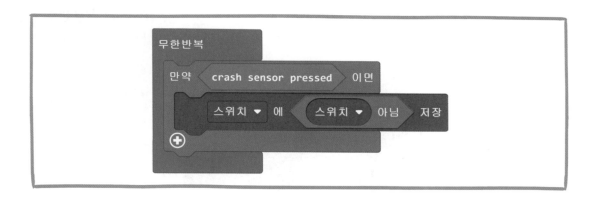

8. 다음은 **만약 '참'이면** 블록을 가져와 아래와 같이 스위치의 값이 '참(true)'이면 LED를 '켜는 (on)' 블록을 만들어 보세요. **toggle LED at pin 'P0' 'on'** 블록(LED를 제어하는 함수)을 사용 하면 됩니다.

9. LED를 켰다면 끌 수도 있어야겠죠? 같은 방법으로 '스위치의 값이 거짓(false)이면 LED를 끄 는(off) 블록'을 만들어 보세요. 마지막에 **일시 중지 '100' (ms)** 블록을 연결하면 완성입니다. 일 시중지 블록은 충돌 센서가 인식되는 순간을 마이크로비트가 충돌할 때 정확하게 판단할 수 있도 록 도와줍니다. (일시 중지는 '300'으로 넣어 주세요.)

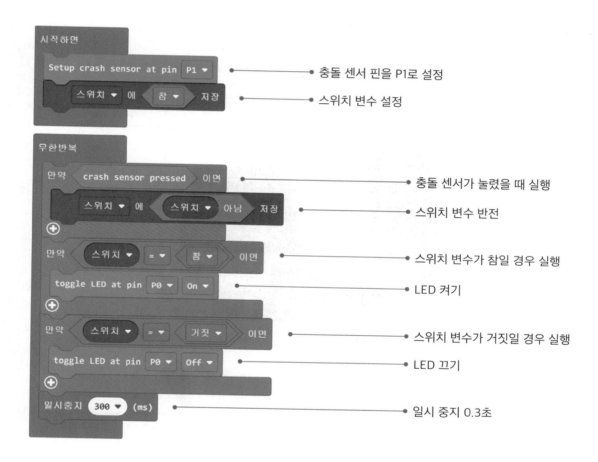

시작하면

Setup crash sensor at pin P1 ▼ ●━━━━━━● 충돌 센서 핀을 P1로 설정

스위치 ▼ 에 참 ▼ 저장 ●━━━━━━● 스위치 변수 설정

무한반복

만약 crash sensor pressed 이면 ●━━━━━━● 충돌 센서가 눌렸을 때 실행

스위치 ▼ 에 스위치 ▼ 아님 저장 ●━━━━━━● 스위치 변수 반전

만약 스위치 ▼ = ▼ 참 ▼ 이면 ●━━━━━━● 스위치 변수가 참일 경우 실행

toggle LED at pin P0 ▼ On ▼ ●━━━━━━● LED 켜기

만약 스위치 ▼ = ▼ 거짓 ▼ 이면 ●━━━━━━● 스위치 변수가 거짓일 경우 실행

toggle LED at pin P0 ▼ Off ▼ ●━━━━━━● LED 끄기

일시중지 300 ▼ (ms) ●━━━━━━● 일시 중지 0.3초

이 블록은 충돌 센서가 눌리면 스위치 변수를 반전하고, 스위치 변수가 참이면 LED를 켜고 스위치 변수가 거짓이면 LED를 끄는 기능을 0.3초마다 반복하는 코드입니다.

마무리

이번 프로젝트에서는 충돌 센서를 사용하기 위해 사용자 패키지를 추가하여 코딩에 사용했습니다. 한 번 누르면 켜지고! 다시 한번 누르면 꺼지고! 변수를 이용하여 LED를 제어하는 더 다양한 기능에 도전해 볼 수 있겠죠?

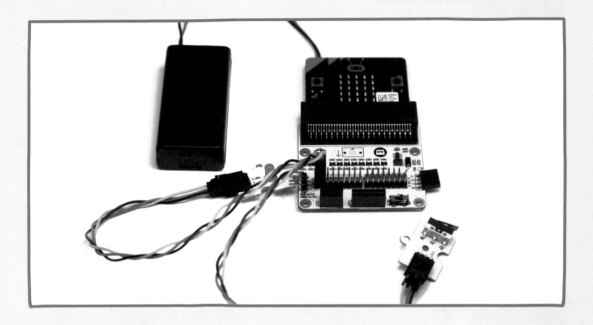

주의사항

마이크로비트가 잘 동작하나요? 만약 잘 동작하지 않는다면 다음과 같은 사항을 확인해 보세요.

1. 참과 거짓의 값을 헷갈리지 않았나 살펴보세요.
2. 올바르게 배선했는지 확인해 보세요.

레벨 업

프로젝트를 잘 완성했다면 다음 문제를 풀어 보세요.

1. LED 점등 대신에 0.5초 간격으로 반짝이게 해 보세요.
2. 충돌 센서를 두 번 눌렀을 때의 동작을 추가해 보세요. (힌트: 변수를 '참/거짓'이 아닌 정수로 정의해 보세요.)

프로젝트 13

무인 경비
시스템

수준

◎◎◎◎◎

● 학습 목표

모션 감지 센서 모듈을 이용하여 움직임이 감지되었을 때 마이크로비트와 연결된 버저
(buzzer)를 실행시켜 침입자가 나타난 것을 나타내 보자.

● 핵심 키워드

마이크로비트, 모션 감지, 수동 버저

● 준비물

마이크로비트 1대, 브레이크 아웃 확장 보드, 수동 버저 모듈, 모션 감지 센서 모듈

● 학습 시간

하드웨어 설정하기: 20분   소프트웨어 코딩하기: 35분

● 동영상 QR 코드

소프트웨어 따라 하기
http://m.site.naver.com/
0qkdS

마이크로비트와 모션 감지 센서 모듈을 이용해 누군가의 침입이 감지되었을 때 버저를 울리는 프로젝트를 만들어 보겠습니다. 먼저, 모션 감지 센서에 대해 알아볼까요?

모션 감지 센서란?

모션 감지 센서는 PIR(passive infrared) 센서라고도 합니다. 적외선을 이용하여 움직임을 감지하죠. 그렇기 때문에 적외선 센서에 포함되는 센서랍니다. 적외선 카메라를 이용하여 밤에 사람을 식별할 수 있듯이 모션 감지 센서도 두 개의 적외선 수신부를 통해 열을 발산하는 사람과 동물 등의 움직임을 알아낼 수 있습니다. 아파트 현관을 지나갈 때 전등이 자동으로 켜지는 것을 본 적이 있죠? 이때 사용하는 센서가 바로 모션 감지 센서입니다.

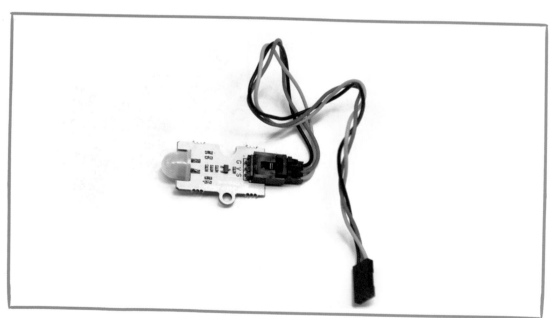

모션 감지 센서 모듈

수동 버저 모듈은 마이크로비트의 P0 핀으로만 제어가 가능해요. 이 점에 유의하여 배선을 해 볼까요?

1. 모선 감지 센서 모듈과 수동 버저를 연결하기 위해 마이크로비트를 브레이크 아웃 확장 보드에 연결해 주세요.

2. 수동 버저 모듈을 확장 보드의 'P0'에 연결해 주세요. 모듈을 연결할 때 꼭 선 색과 단자 색을 똑같이 맞추어야 합니다. 잘못 연결하고 전원을 켜면 고장이 날 수도 있어요.

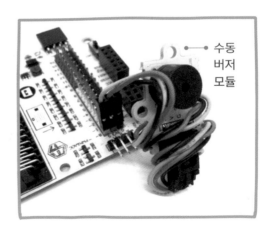

수동
버저
모듈

3. 다음으로, 모션 감지 센서 모듈을 연결하겠습니다. 이 모듈은 확장 보드의 'P1'에 연결해 주세요. 여기서도 마찬가지로 색을 맞춰서 연결해야 합니다.

모션 감지
센서 모듈

자, 여기까지 알맞게 배선했다면 이제 소프트웨어를 코딩하여 무인 경비 시스템을 구성해 볼까요?

코딩 준비하기

앞에서처럼 순서도를 생각하여 그려 볼까요?

1. 모션 감지 센서 모듈을 이용해서 움직임을 감지합니다.

2. 움직임이 감지되면 수동 버저를 실행합니다.

3. 움직임이 사라지면 다시 수동 버저를 끕니다.

코딩 따라 하기

1. 모션 감지 센서 모듈을 사용하려면 tinker 확장 프로그램을 추가해야 합니다. '프로젝트 12'에서 tinker 확장 프로그램을 추가하였다면 이미 카테고리에 추가되어 있을 거예요. 아직 Tinker 확장 프로그램을 다운로드하지 않았다면 프로젝트 12를 참고하여 다운로드하세요.

2. 모션 감지 센서가 움직임을 읽을 수 있도록 '논리' 카테고리의 **만약 '참'이면 아니면** 블록을 **무한반복** 블록에 연결하고, 'tinker' 카테고리에서 움직임을 감지할 수 있는 **motion detector at pin 'P0' detects motion** 블록을 가져와 '참(true)' 부분에 넣어 주세요. 그리고 'P0'는 'P1'로 바꿔 주세요.

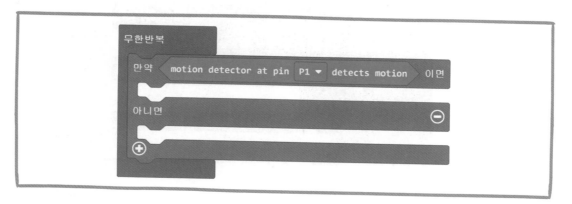

3. '음악' 카테고리에서 **재생 '멜로디 다다둠 멜로디' '완료될 때까지'** 블록을 가져와 계속해서 연결해 주세요. '멜로디 다다둠 멜로디' 부분의 세모 버튼을 누르면 20개의 다양한 멜로디를 출력할 수 있답니다.

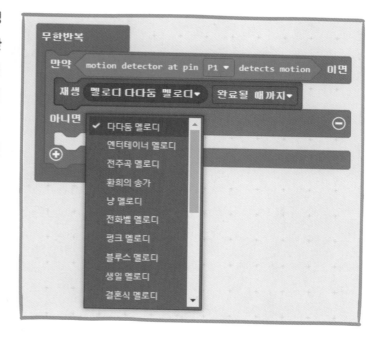

4. 여러분이 원하는 멜로디를 선택한 후 '아니면(else) 실행' 부분에 **'1박자' 쉬기** 블록을 넣으면 됩니다.

```
무한반복
  만약   motion detector at pin  P1 ▼  detects motion   이면
    재생  멜로디 다다둠 멜로디 ▼   완료될 때까지 ▼
  아니면                                              ⊖
         1 ▼ 박자  쉬기
  ⊕
```

이렇게 코드를 프로그래밍하면 모션이 감지되었을 때 '다다둠' 멜로디가 반복되고, 움직임이 없다면 아무런 소리를 내지 않게 됩니다.

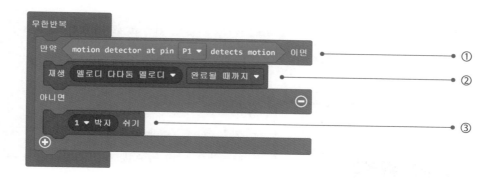

① 움직임을 감지하는 기능

② 움직임이 감지되면 '다다둠' 멜로디 실행

③ 움직임이 감지되지 않으면 멜로디 멈춤

이 코드는 모션 감지 센서(P1)가 움직임을 감지한다면 '다다둠' 멜로디를 한 번 반복하고, 움직임을 감지하지 못하면 멜로디를 멈추는 블록을 무한 반복 실행합니다.

마무리

모션 감지 센서의 원리를 잘 이해하셨나요? 일상생활에서도 소변기, 자동문 등 다양한 곳에 모션 감지 센서가 적용되어 있습니다. 주변 곳곳을 주의 깊게 관찰해 보세요.

주의사항

마이크로비트가 잘 동작하나요? 만약 잘 동작하지 않는다면 다음과 같은 사항을 확인해 보세요.

1. 수동 버저 모듈과 모션 감지 센서 모듈의 배선이 올바른지 확인해 보세요.

레벨 업

프로젝트를 잘 완성했다면 다음 문제를 풀어 보세요.

1. 움직임이 감지되었을 때 멜로디가 아닌 자신만의 소리를 출력해 보세요.
2. 버저와 LED를 동시에 사용해 보세요.

식물에게
물을 주세요!

수준

◉◉◉◉◉

● 학습 목표

토양 수분 센서로 식물에게 물이 필요한지를 측정하고 LED로 알람을 주는 장치를 만들어 보자.

● 핵심 키워드

마이크로비트, 토양 수분, LED, 식물

● 준비물

마이크로비트 1대, 브레이크 아웃 확장 보드,
토양 수분 센서, LED

● 학습 시간

하드웨어 설정하기: 10분   소프트웨어 코딩하기: 20분

● 동영상 QR 코드

소프트웨어 따라 하기
http://m.site.naver.com/
0qkdY

이번 프로젝트에서는 마이크로비트와 토양 수분 센서를 이용해서 식물 물 주기 알람 장치를 만들어 보겠습니다. 토양 수분 센서가 무엇인지 알아볼까요?

토양 수분 센서란?

토양 수분 센서는 흙이 담긴 용기에 꽂아서 수분량을 측정하는 센서입니다. 센서 모듈에 달린 2개의 전극 부분은 흙의 수분량에 따라 저항값이 변하게 됩니다. 그래서 토양 수분 센서가 출력해 내는 전륫값이 변하게 되는데, 흙의 수분 함량이 많으면 저항값이 낮아지며 전류가 잘 흐르게 되고, 수분 함량이 적으면 저항값이 높아져 전류가 잘 흐르지 않게 됩니다.

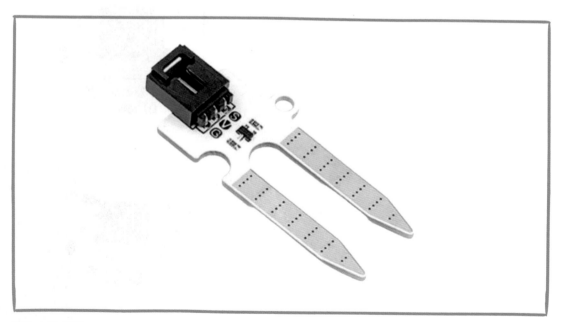

토양 수분 센서

토양 수분 센서와 LED를 확장 보드에 연결해 보겠습니다.

1. 마이크로비트와 브레이크 아웃 확장 보드를 서로 연결해 주세요.

2. 확장 보드의 0번 핀에 토양 수분 센서를 연결해 주세요.

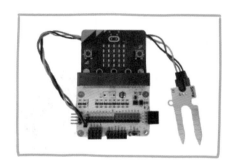

3. LED 모듈을 확장 보드의 1번 핀에 연결해 주세요.

자, 여기까지 알맞게 연결했다면 이제 소프트웨어를 코딩하여 물 주기 알람 장치를 구성해 볼까요?

코딩 준비하기

앞에서처럼 순서도를 생각하여 그려 볼까요?

1. 토양 수분 센서 모듈을 이용해 토양의 수분을 감지합니다.

2. 수분량이 일정 기준보다 작으면 식물에 물이 필요하다는 알람을 주기 위해 버저와 LED를 작동시킵니다.

3. 수분량이 일정 기준보다 크면 식물에 물이 더 이상 필요 없으므로 때문에 버저와 LED를 끕니다.

자, 이제 위와 같은 코딩 순서에 따라 블록 코딩을 만들어 볼까요?

코딩 따라 하기

1. 이 프로젝트에서는 식물이 자라는 토양의 수분 상태를 센서로 측정하여 수분이 모자라면 버저와 LED로 알람을 주는 프로그램을 만들어야 합니다. 우선 버저 소리를 발생시키기 위해 **시작하면** 블록에 '음악' 카테고리의 **내장 스피커 설정** 블록을 가져와서 '켜기'로 바꿔서 넣어 줍니다.

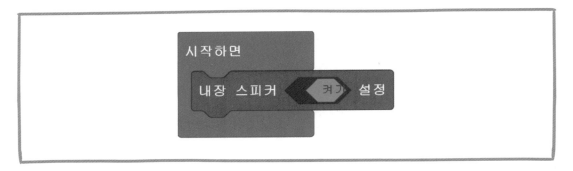

2. 토양 수분 센서가 연결된 P0 핀의 상태 값이 곧 토양의 수분 상태 값입니다. 그래서 핀 카테고리에 있는 **P0의 아날로그 입력값** 블록을 가져와 100보다 작은지 그렇지 않은지를 구분하는 코드를 다음과 같이 만들어 줍니다. (사용하는 흙의 특성과 상태가 다를 수 있으므로 기준값 100은 예시일 뿐이고 여러분이 적당한 상태 값을 테스트하여 기입해 주세요.)

3. 토양 수분의 값이 기준값보다 작으면 물이 필요하다는 상태를 알려야 합니다. 그래서 **아이콘 출력**을 우는 표정으로 해 주고, '음악' 카테고리에서도 **1박자 동안 재생 완료될 때까지**를 넣어 줍니다. 또한, LED를 깜빡이게 하기 위해 **P1에 디지털 값 '1' 출력**으로 LED를 켜 주고 **P1에 디지털 값 'O' 출력**으로 LED를 꺼 주는 동작을 0.1초 간격(100ms)으로 작동되게 해 줍니다. 만약 토양의 수준값이 일정 기준 이상이면 물이 더 이상 필요하지 않기 때문에 **아이콘 출력**을 웃는 얼굴로 해 줍니다.

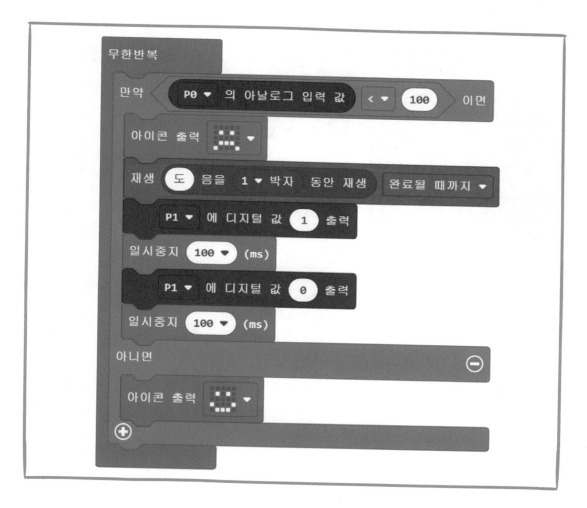

시작하면

내장 스피커 [켜기] 설정 ●----------● 내장 스피커 활성화

무한반복

만약 [P0 ▼] 의 아날로그 입력 값 [< ▼] (100) 이면 ●----------● 토양 수준값 비교

아이콘 출력 [▦ ▼] ●----------┐

재생 (도) 음을 [1 ▼] 박자 동안 재생 [완료될 때까지 ▼]

[P1 ▼] 에 디지털 값 (1) 출력

일시중지 (100 ▼) (ms)   ├─● 토양에 물이 필요하면
                                                      버저 소리와 LED 깜빡이기
[P1 ▼] 에 디지털 값 (0) 출력

일시중지 (100 ▼) (ms) ●----------┘

아니면   ⊖

아이콘 출력 [▦ ▼] ●----------● 토양에 물이 필요하지 않으면
                                 웃는 아이콘 출력

⊕

식물이 심겨 있는 토양의 수분값을 센서로 측정해서 일정 기준값과 비교하여 토양에 물이 필요하다고 판단되면 물을 주라는 의미로 버저 소리와 LED를 깜빡입니다. 그렇지 않으면 버저 소리와 LED를 끄고 웃는 아이콘만 출력합니다.

여기에서는 식물에게 물을 줘야 하는지 알려주는 '식물 물 주기 알람 장치'를 만들었습니다. 집에 있는 식물에 이 장치를 직접 연결해서 작동시켜 보고 여러분의 창의적인 아이디어를 더 추가해서 업그레이드해 보세요.

주의사항

마이크로비트가 잘 동작하나요? 만약 잘 동작하지 않는다면 다음과 같은 사항을 확인해 보세요.

1. 배터리 커넥터가 마이크로비트 확장 보드에 제대로 연결되어 있는지 확인해 보세요.
2. 센서가 토양에 확실하게 잘 꽂혔는지 확인해 보세요.
3. 전자부품에 물이 묻지 않았는지 확인해 보세요.

레벨 업

프로젝트를 잘 완성했다면 다음 문제를 풀어 보세요.

1. 물이 부족하면 재미난 음악이 흘러나오게 해 보세요.
2. 마이크로비트 아이콘에 다른 모습을 출력해 보세요.

프로젝트 **15**

초음파 센서
사용하기

수준

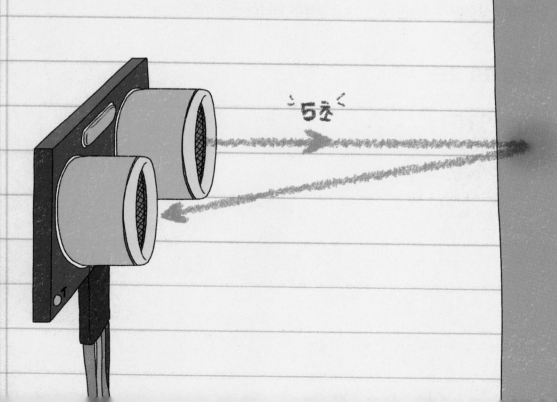

● 학습 목표

초음파 센서를 사용하여 거리를 측정하고, 센서와 사물의 거리가 5cm 이하일 때 LED
를 출력하는 프로그램을 만들어 보자.

● 핵심 키워드

마이크로비트, 초음파, 거리 측정, LED

● 준비물

마이크로비트 1대, 브레이크 아웃 확장 보드, 초음파 센서, LED 모듈,
점퍼 케이블 4개

● 학습 시간

하드웨어 설정하기: 20분   소프트웨어 코딩하기: 60분

● 동영상 QR 코드

소프트웨어 따라 하기
http://m.site.naver.com/
0qke5

준비하기

이번 프로젝트에서는 초음파 센서를 사용해 볼 거예요. 초음파 센서를 이용해서 거리를 재고, 그 거리가 5cm 이하의 값이라면 LED 모듈을 켜볼까요? 우선, 초음파 센서에 대해 알아보겠습니다.

초음파 센서의 원리

초음파 센서는 말 그대로 초음파를 이용하여 거리를 재는 센서입니다. 초음파 센서에는 4개의 핀 (Vcc, Trig, Echo, Gnd)이 있습니다. Vcc와 Gnd는 초음파 센서에 전원을 연결해 주는 핀입니다. Trig 핀은 초음파를 출력하는 핀이고, Echo 핀은 초음파 센서를 입력받는 핀이에요. Trig 핀에서 나간 초음파가 벽이나 사물에 튕겨져 Echo 핀에 들어오는 시간을 계산하면 초음파 센서와 벽 사이의 거리를 구할 수 있답니다. 여러분도 부모님의 차에 탔을 때 차가 사람이나 다른 자동차와 부딪히려고 할 때 경고음을 들어본 적이 있죠? 그리고 자동문에도 초음파 센서가 사용된답니다.

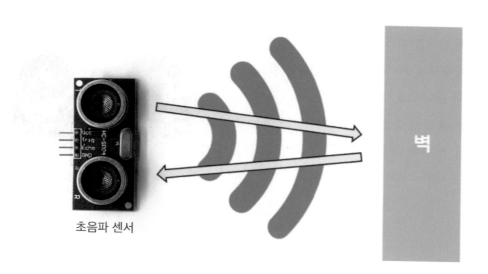

초음파 센서

하드웨어 따라 하기

초음파 센서를 다루기 위해서는 소프트웨어도 중요하지만 하드웨어도 중요해요. 초음파 센서의 연결을 신중하게 해야 하니 잘 읽고 따라 해 보세요.

1. 우선 초음파 센서와 LED 모듈을 연결하기 위해서 마이크로비트를 브레이크 아웃 확장 보드에 꽂아 주세요.

2. 초음파 센서를 확장 보드에 연결할 거예요. 초음파 센서에 점퍼 케이블 4개를 연결해 주세요. 다음 그림과 같이 Vcc, Trig, Echo, Gnd라고 써진 곳에 케이블을 연결하면 돼요. 여기서는 순서대로 주황색, 노란색, 초록색, 파란색으로 연결할 거예요. 다른 순서로 꽂아도 상관없어요.

3. 그다음은 Trig에 연결된 선은 브레이크 아웃 확장 보드의 'P1'에 연결하고, Echo에 연결된 선은 'P2'에 연결해 주세요. 'P0'에는 나중에 LED 모듈을 연결할 거예요.

4. 이제 Gnd에 연결된 파란색 선은 검은색 단자에, Vcc에 연결된 주황색 선은 빨간색 단자에 연결해 주세요. 둘의 위치는 크게 중요하지 않아요.

5. 이제 LED 모듈을 연결할 거예요. 다음 그림과 같이 LED 모듈도 선의 색과 단자의 색에 맞춰서 P0에 연결해 주세요.

6. 자, 다음 그림과 같이 모두 연결하였다면 하드웨어는 완성입니다. 이제 코딩으로 넘어가 볼까요?

코딩 준비하기

앞에서처럼 순서도를 생각하여 그려 볼까요?

초음파 센서로 거리 측정하기 → 거리 값을 LED 디스플레이에 출력하기 → 거리가 5cm 이하이면 LED 켜기

1. 초음파 센서를 이용하여 거리를 측정하도록 코딩합니다.

2. 측정된 거리 값을 마이크로비트의 LED 디스플레이에 출력하도록 코딩합니다.

3. 측정 값이 5cm 이하이면 LED를 켜도록 코딩합니다.

코딩 따라 하기

1. 마이크로비트 블록 코딩 에디터를 실행하고, '고급' 탭에 있는 '핀' 카테고리에서 **'PO'에 디지털 값 'O' 출력** 블록과 '기본' 카테고리의 **일시 중지 '100' (ms)** 블록을 이용하여 다음과 같이 코딩해 보세요. 이 블록 묶음은 'P1'을 0.01초(10ms) 동안 켜면 초음파 센서에서 초음파를 쏘아 벽에 튕기고, 튕겨 나온 초음파를 'P2'에서 받게 하는 코드입니다.

무한반복
> P1 ▼ 에 디지털 값 1 출력
> 일시중지 100 ▼ (ms)
> P1 ▼ 에 디지털 값 0 출력

2. 이어서 '변수' 카테고리에서 '변수 만들기'를 이용하여 '거리'라는 변수를 생성한 후, **'거리'에 '0' 저장** 블록을 가져와 연결합니다.

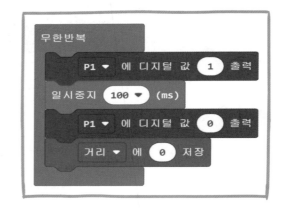

3. 이어서 **'거리'에 '0' 저장** 블록의 '0' 부분에는 튕겨 나온 초음파를 센티미터(cm) 단위로 환산한 거리 값을 넣어 줄 겁니다. '계산' 카테고리의 **'0' '/' '0'** 블록과 '핀' 카테고리에서 '더 보기'에 있는 **'P0'의 'high' 펄스 지속시간(μs)** 블록을 가져와 다음과 같이 연결합니다. 이어서 '기본' 카테고리의 **수 출력 '0'** 블록을 연결하여 환산한 '거리'를 출력하도록 해 주세요.

무한반복
    P1 ▼ 에 디지털 값 1 출력
    일시중지 100 ▼ (ms)
    P1 ▼ 에 디지털 값 0 출력
    거리 ▼ 에 P2 ▼ 의 high ▼ 펄스 지속시간(μs) / ▼ 40 저장
    수 출력 거리 ▼

4. 이제 '논리' 카테고리에서 **만약 ~이면, 아니면** 블록을 추가합니다. 그리고 다시 '논리' 카테고리의 **0 = 0** 블록을 가져와 앞쪽 '0'을 '거리' 변수로 바꿔 주고, 연산자 '='를 '≤' 연산자로 수정합니다. 그리고 뒤쪽 '0'은 '5'로 바꾸어 5cm 이하인지를 체크하도록 해 줍니다.

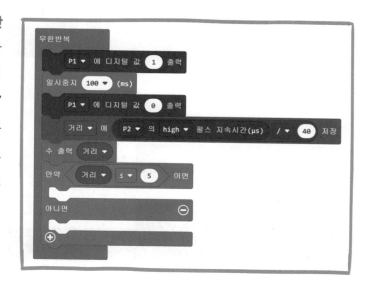

5. 계속해서 **만약 ~이면, 아니면** 블록 안의 LED 제어 코드를 추가하겠습니다. 그리고 'Tinker' 카테고리의 **toggle LED at pin 'P0' 'Off'** 블록을 2개 추가하여 하나의 값을 'On'으로, 나머지 하나는 'off'로 바꿔 줍니다. 마지막으로 '기본' 카테고리의 **일시 중지 '100' (ms)** 블록을 추가합니다.

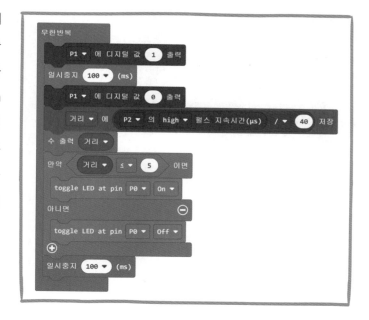

 TIP **만약(if) '참(true)' 이면(than) / 아니면(else)** 블록 안에 있는 코드는 거리가 5cm 이하이면 LED를 켜고, 그렇지 않으면 LED를 끈다는 의미입니다.

자, 소프트웨어도 완성했습니다. 우리가 만든 프로젝트가 잘 구동되는지 확인해 볼까요?

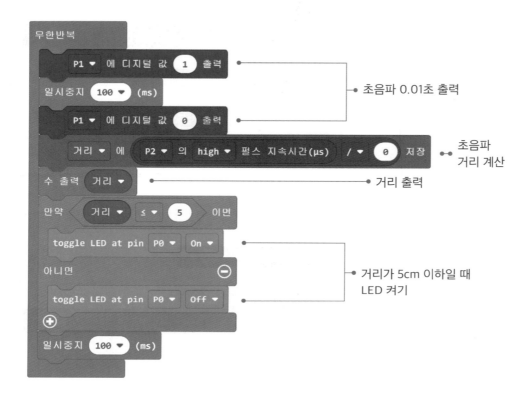

무한반복

P1 ▼ 에 디지털 값 1 출력

일시중지 100 ▼ (ms)

P1 ▼ 에 디지털 값 0 출력

거리 ▼ 에 P2 ▼ 의 high ▼ 펄스 지속시간(μs) / ▼ 0 저장

수 출력 거리 ▼

만약 거리 ▼ ≤ ▼ 5 이면

toggle LED at pin P0 ▼ On ▼

아니면 ⊖

toggle LED at pin P0 ▼ Off ▼

⊕

일시중지 100 ▼ (ms)

• 초음파 0.01초 출력

•• 초음파 거리 계산

• 거리 출력

• 거리가 5cm 이하일 때 LED 켜기

이 블록 코드는 초음파 센서를 0.01초 출력한 후 센서에서 받은 값을 40으로 나누어 센티미터로 환산하여 LED에 출력합니다. 그리고 거리가 5cm 이하일 경우 LED를 켜고 그 이외에는 LED를 끄는 코드입니다.

이번 프로젝트에서는 초음파 센서를 이용하여 LED를 켜보았습니다. 어려웠지만 잘 따라와 준 여러분이 자랑스럽네요. 이제 집에서 우리가 만든 하드웨어를 놓고 실험해 보세요. 벽과 초음파 센서의 거리가 5cm 이하일 때 LED가 켜지나요? 벽 대신 그림처럼 박스나 책 등을 놓아도 된답니다.

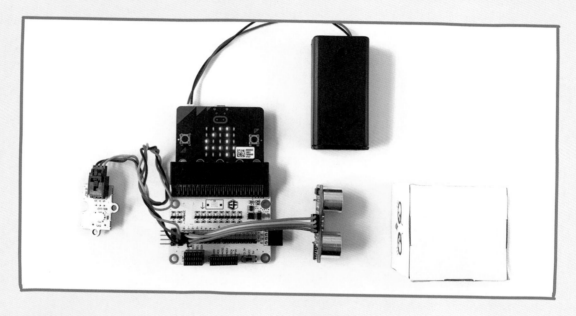

주의사항

마이크로비트가 잘 동작하나요? 만약 잘 동작하지 않는다면 다음과 같은 사항을 확인해 보세요.

1. 케이블로 연결하지 않고 배터리로만 연결하면 초음파 센서가 작동하지 않아요. 그러니까 꼭 케이블을 연결해서 사용해 주세요.
2. 초음파 센서의 연결이 잘 되었는지 확인해 보세요.

레벨 업

프로젝트를 잘 완성했다면 다음 문제를 풀어 보세요.

1. 거리 대신 다른 값을 출력해 보세요. 변수를 추가해서 디지털 값을 감지하는 센서를 만들어 보세요!
2. 버저를 사용하여 거리에 따라 음높이를 조절해 보세요.

찾아보기